# 解だらけの子育て

奈緒子

Naoko Narita

# はじめに

こんにちは、成田奈緒子です。この本を手に取っていただきありがとうございます。

私が小児科医になって、はや35年以上が経ってしまいました。いろいろな親子に出会ってきましたが、私が本当にいつも残念だと思うのは、親御さんが子どもを思ってした行動が、結果として子どもにまったく伝わってない、どころかむしろ害悪になっていることがあまりにも多いことです。


現代の子育ての状況を見ていると、情報過多の中で理想とされる子ども像を描き、それに向かって必死に育て上げようとするけれど、思ったように子どもが「動いてくれなくて」こころ折れ、結果、無駄に怒ったり悲しんだりしている親御さんが多いと感じます。とても閉塞した利己的な育児環境だと思います。

子どもはもっとつらいです。逃げ場のない家庭環境で苦しんだ挙げ句にさまざまな心身症状が表れます。

例えば、４歳の子どもが誰かからジュースをもらって、無言で受け取って飲み始めようとしたときのこと。

親「まだ飲んじゃだめ」「何て言うの？」「ほら、ありがとうでしょ？」

子「あり……」

親「ありじゃないでしょう！」「ありがとうって言いなさい、はい、あ・り・が・と・う」

……

文字に起こしてみれば、子どもの言葉に比して、いかに親の言葉が多すぎるかがわかるでしょう。子どもにしてみれば、「ジュース、はよ飲みたいねん！」です（笑）。もしそう言って親を無視して勝手にジュースを飲み始めるなら、私としてはむしろまったく問題なし、の子どもです。

でも、現代の子どもは萎縮しがちです。親の顔色を窺って親を満足させるような言動しかしなくなり、自分から新しいことに挑むことを不安に思うようになります。結果、親子の分離が難しくなり幼稚園に行かない・行けないといったことが容易に引き起こされます。

4歳の子どもは〝原始人〟です。原始人は自発的なお礼が言えなくても当たり前です。そんなときは、親が代わりに「ありがとう」「ごめんなさい」を社会に対して言い続ける姿を子どもに見せましょう。親がとびきりの笑顔で「すみません！　この子、おいしいジュースに目がないんで、飛びついてしまってお礼も言えなくて。本当にありがとうございます！」といただいた方に言えたとしたら？　親が怒鳴りながら無理に子どもに言わせた「ありがとう」より、うれしい気持ちが相手に伝わるのではないでしょうか。

「自分の子どものこと」しか考えていない親の言動は、「利己的」な子育てであると私は考えます。でも、せめて子育てをしている間だけでも親は「社会の中で生きている」ことを常に考えて「利他的」であることを心がけてほしいのです。

なぜかというと、あなたが育てている子どもは、いつか社会の中で生きなければならないからです。社会は「おかげさまで」「ありがとう」「ごめんなさい」でできています。これがからだの芯に染みついて自然に行動できる大人に育て上げることが、子育ての最終目標です。繰り返しますが、4歳の子は原始人ですから、まだまだこんな「社会性」を身につけているはずもありません。だからこそ、親が必死で見本となる行動と言葉を子どもに見せ続けるのです。

発達中の子どもの脳には「ミラーニューロン」という神経があることが知られています。身近な大人の行動・言葉を見ているだけで大人と同じ部位の脳が活性化することがわかっています。「必要な行動・言葉の脳内シミュレーション」とでも言いましょうか。だから、大人はまだまだこの子にはできないとわかっていても、「いつか大人になったときに理想的な行動・言葉」を繰り返し子どもの前で見せる必要があるのです。

そのことを知れば、「子どもがありがとうと言う」ことを鬼の形相で必死で押し付けるのではなく、ジュースをくれた方に「親が笑顔でお礼を言う」ことが優先されることが自然にわかっていただけますよね。

子どもは一人ひとり違いますし、今の子どもの姿が最終形ではありません。

自分の子が20歳を過ぎて社会で働いている姿を想像してください。大きな機械を動かして船を造っているか、レストランでイタリア料理を作っているか、それとも職人として黙々と風鈴を作っているか……。その子の個性に応じて、将来の姿はいろいろに想像できると思います。

それぞれに求められるスキルがあって、そのために必要な学習や努力があることはもちろん当然です。

でも、どんな職場であってもどうしても必要なこと。それは「人と人とのつながりを大切にするこころ」＝利他的なこころです。自分だけでは船を造れません。おいしいイタリア料理を作れても、食べる人がいなければ意味がありません。風鈴を作ったらそれを買って楽しんでくれる人が必要です。

社会はそうやって回っていること。だから「他人のために」行動したり言葉を紡いだりすること。それこそが親として絶対に伝えていかなければならないことです。

同僚に「みんなのおかげでこんな大きな船ができてうれしいよ！　ありがとう」。お客さんに笑顔で「私の料理を食べてくれてありがとうございます！」。風鈴を買ってくれた人に「こころをこめて作ったので、これで少しでも涼しさを感じてくださいね！　ありがとうございました！」。

こうした言葉を言えて初めて、社会の中で成功する大人と言えるのではないでしょうか。

それを、子どもが習得するために親は存在するのです。子どものミラーニューロンを大いに刺激して、原始人時代から脳を育てていきましょう。

本書は、現代の子育て情報過多の中で苦しんでいる親御さんが、少しでも楽になって笑顔になってくれることを願ってつくりました。

ここに書いてあることを「絶対守らなければ」と思うとまた苦しくなってしまうので、「大体そういうことね」と思って、あとはご自分の感性に従い、社会につながる姿をできるだけ子どもに見せることを目標に、毎日の生活をつなげていってくだされば幸いです。

なお、本書に登場する事例は、私が経験した多くの事例をもとにしていますが、個人が特定できないよう状況のみ維持して、その他の属性はすべて改変して載せていますことをご了承ください。

2023年12月　成田奈緒子

# 目次

## 第2章 生活習慣への誤解

第3章

## コミュニケーションへの誤解

第4章

## 「子どもと社会」への誤解

※本書に出てくる事例に関しては、相談者のプライバシー保護のため内容に影響を与えない範囲で属性やエピソードを改変しています。

第1章

# 発達への誤解

早いうちにたくさんインプットをしたほうが、賢い子が育つ――。
少子化、共働きの増加によって一人あたりの子どもに
かけることができるコストも熱量も増えたためか、
こう考えている親御さんが非常に多いです。
しかし、脳が育つ順番を無視した子育ては、
かえって悪影響を及ぼします。
まずは子どもが成長する上での土台となる
「脳の発達」への誤解を紐解いていきます。

誤解!?
①
# 早期教育するほど賢い子になる

英語やリトミックに算数……。小学校就学前の幼児を対象にした早期教育が今、過熱しています。知育ＤＶＤなどの家庭用教材から教室まで、いわば一大ビジネスの様相です。

私が主宰する「子育て科学アクシス」には、最近では比較的高い学歴を持つ親御さんも多く相談に来られますが、特にエリート家庭ほど、その傾向が顕著だと感じます。

彼ら彼女らは、自身が学業に力を入れ、努力して学歴を手に入れてきたからこそ「わが子が成功するには、自分が与えられたのと同じような教育環境を用意してあげなければ」と考えがちです。そして、その過程では常に他者との競争に晒されてきたため、わが子のこともつい周囲の子どもと比較してしまいます。

「うちの子は3歳から○○を習わせている」などという話をネット上で、はたまたママ友から見聞きしようものなら、「わが家も早いうちから手を打たなければ」「負けていられない」などと、気が気ではなくなってしまうのでしょう。

逆に、自分に学がないことをコンプレックスに感じているような親御さんの中にも、「わが子には同じ轍を踏ませまい」と早期教育に躍起になるケースが少なくありません。いわゆる「リベンジ型の教育」です。

いずれにしても、少子化が進み、まして一人っ子ともなれば、そこに向けられる教育熱は「絶対に失敗できない」という強迫観念と表裏一体になり、子どもに一身に注がれます。共働き世帯が増えた結果、子ども一人あたりにかけられる教育費が増加していることもあり、こうしたニーズに応える早期教育ビジネスが今や花盛り、というわけです。

しかし、巷の早期教育プログラムで謳われている「脳が柔らかい3歳までに言葉の学習を進めるべき」「小学校で学ぶ内容を先取りすれば、子どもに自信がつき、学ぶ意欲にもつながる」といった言説は、科学的には間違っています。

## 人間の脳には育つ順番がある

というのも、人間の脳には育つ順番があります。19ページの図1は、人間の脳の断面を左側から見た図です。脳と聞くとシワシワの部分を思い浮かべる人が多いかと思いますが、それは脳の外側でしかありません。外側のシワシワに包まれる形で、脳の中心部には大脳辺縁系、脳幹、間脳、中脳などが存在します。

この中心部は、姿勢・睡眠・呼吸・食欲・自律神経・情動（危険が迫ったときなどに、恐怖や不安を感じること）といった、生命の維持に欠かせない機能を司っています。

一方、外側にあるのは大脳皮質と小脳で、記憶・思考・微細運動（指先を細かく使う運動）・知覚・言語・情感をコントロールしています。

中心部は原始的な動物にも備わっている生きるために必須の部分なので「からだの脳」、外側部分は人間に進化する過程で発達した人間らしさの機能なので「おりこうさんの脳」と私は呼んでいます。

生まれたばかりの赤ちゃんは、「からだの脳」と「おりこうさんの脳」のどちらも、きちんと機能していません。0〜5歳くらいまでは「からだの脳」。続いて1歳頃からは「おりこうさんの脳」。そして10歳くらいから、「からだの脳」と「おりこうさんの脳」を前頭葉につなぐつながり＝「こころの脳」が発達し、論理的に物事を考えたり、衝動性を自制したりすることができるようになります。人間の脳は、この順番でバランスよく発達していくのです。

**以上の3段階で子どもの脳は育っていき、その順序が変わることは絶対にありません。**

## 図1　脳が育つ順番

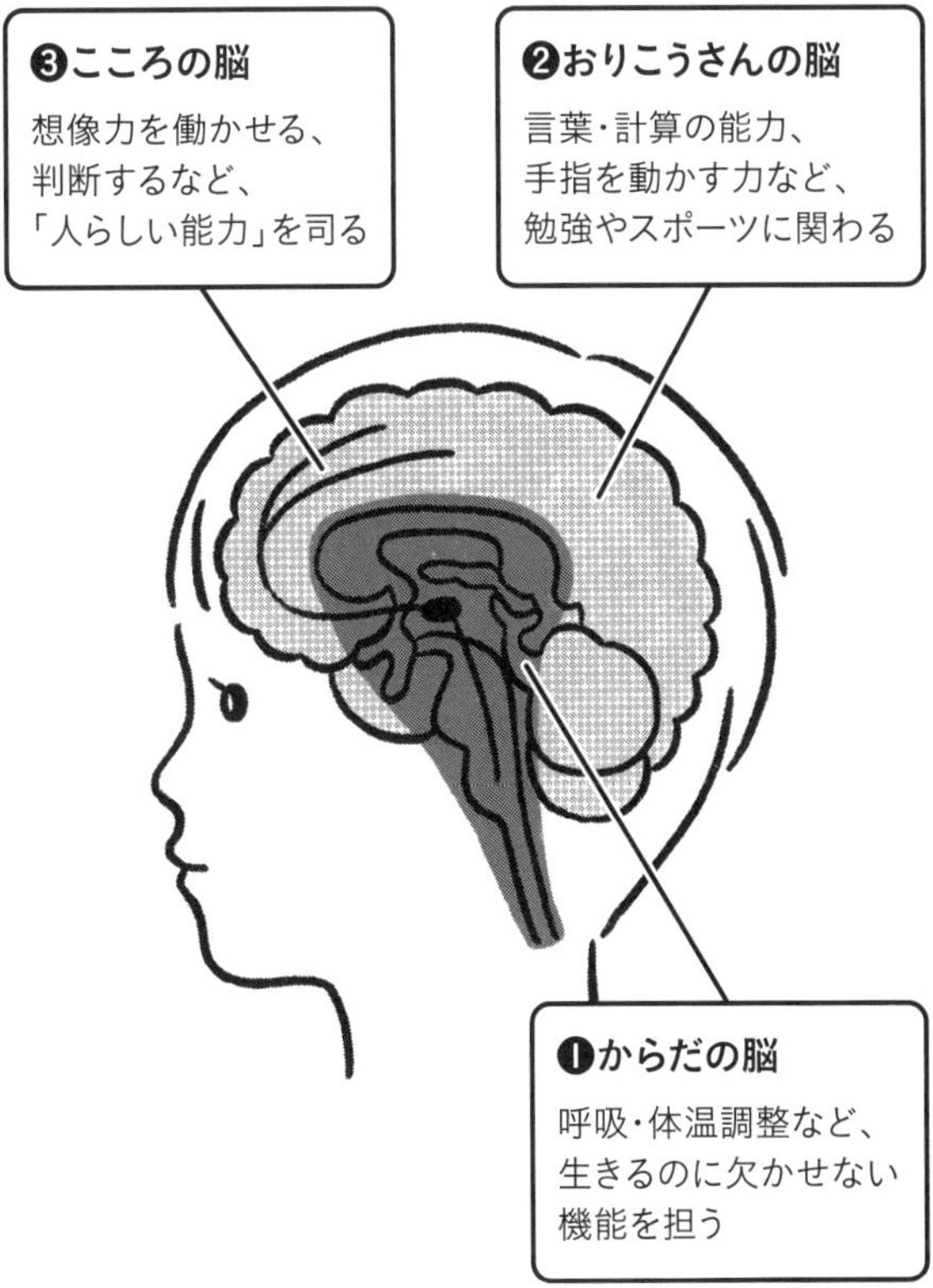


**❶からだの脳➡❷おりこうさんの脳➡❸こころの脳の順にバランスよく育つことが大事**

## 脳育ての順番を間違えてはいけない

では、この脳が育つ順番を考えずに、幼い頃から詰め込み式の教育ばかりを行うと、どうなるでしょうか。

小学校に上がる前は大人の言うことをよく聞き、年齢の割に受け答えもしっかりしていて、「賢くておりこうさん」「将来が楽しみね」という周囲の評判に親も鼻高々。ところが小学校高学年～中学生くらいになると、不登校や摂食障害、不安障害など、さまざまな問題を抱えて子育て科学アクシスのもとに相談に来るケースが、実によく見られるのです。

これは、「からだの脳」がしっかり育つ前に「おりこうさんの脳」を育てようとすると、脳全体がアンバランスな状態になってしまい、やがてこころの問題として表面化してしまうことを示しています。

子どもの脳を一戸建ての家にたとえると、「からだの脳」が全体の土台となる1階部分、「おりこうさんの脳」が2階部分ということになります。**1階部分ができあがっていないうちに2階部分を完成させようとすれば、家全体が崩れてしまうのは明白です。**

子どもの数が減っている今、教育産業も生き残りをかけて必死です。それにまんまと釣られた親御さんの不安や焦りは子どもに伝わり、不安感の大きな人間が育ってしまいます。それでもなお、早期教育は本当に「将来の幸せのため」になっていると言えるでしょうか。

人生100年時代、子どもの一生は私たちのそれよりも長く続いていきます。「周りよりもよくできる子」という評価で、親御さんが短期的な安心を得られるからといって、中長期的には問題を抱えるかもしれないリスクを冒してまで早期教育をする必要があるとは、とても考えられません。

**早期教育は、「からだの脳」より先に「おりこうさんの脳」を育てることになり、中長期的にはこころのバランスを崩すリスクがある**

誤解!?

## 2 子育て情報はネットやSNSで収集できる

子どもとの生活は、わからないことや不安になることの連続です。ミルクをあげても泣きやまない、続けて寝てくれない、離乳食を食べない、なかなか歩けるようにならない……。

事前に仕入れていた知識や、産院で助産師や医師から受けたアドバイスが、必ずしも目の前のわが子には通用しないのですから、親御さんが戸惑うのも無理はありません。そんなときに思わず頼りたくなるのが、手元のスマートフォンではないでしょうか。

今の時代、インターネットやSNS上には、子育てに関するありとあらゆる情報があふれ、日々更新されています。しかし、これらには科学的根拠に乏しいものや誤ったものも多く、玉石混交です。

私の子どもがまだ小さかった十数年前、育児情報を得る手段といえば書籍や雑誌が主流でした。子育て中の母親たちが集まって、匿名で情報交換をするオンラインコミュニティも存在しましたが、当時と今で決定的に違うのは、X（旧Twitter）やインスタグラム、フェイスブックといったSNS上で、情報が「拡散」されるようになったことです。

書籍や雑誌などで紹介されている情報が、専門家や編集者たちのチェックを経ているからといって、すべて信頼に値すると言いたいわけではありません。

例えば「泣いてすぐに抱っこをすると、抱きグセがつくからよくない」など、祖父母世代までは常識とされていたけれど、現代では否定されている言説も多いですし、近年も、それこそ早期教育の必要性を煽るなど、私から言わせれば子どもにとって害でしかないような内容のものも、たくさん出回っています。

しかし、特にSNSの情報の場合、大きく次の2点に注意する必要があります。

一つ目は、誰もが発信できてしまうため、信頼性が低いのはもちろん、世界中の親たちが投稿する子どもの様子と自分の子を、つい比較してしまう点です。

「今日は3歳の誕生日。ひらがながスラスラ読めるようになりました」という投稿を見ては、「同じ月齢なのに、わが子はまだ文字が読めない。このままで大丈夫だろうか」。

「保育園の先生から落ち着きがないと言われたので、発達外来を受診することにした」という投稿を見ては、「自分の子どもにも当てはまるかもしれない」。

このように比較対象が無限に目に入ってしまうことで、親御さんは不安から抜け出せなくなってしまいます。**そして不安を解消しようと、不確かな情報にあふれたネットの海をますますさまよい続けるという悪循環に陥ってしまうのです。**

二つ目の注意点は、科学的に正しいかどうかにかかわらず、「いいね」や「拡散」の数が大きいものほど、優先的に目に入る仕組みになっている点です。

「宿題は親がつきっきりで見てあげるべき」

「ゲームやＹｏｕＴｕｂｅを見る時間は親がしっかり管理すべき」

など、本書で一つ一つ解いていく「誤解」の数々は、ＳＮＳ上で「常識」のようにまことしやかに拡散され、あたかも正しいことかのように錯覚されている情報ばかりです。

## 5歳までは「立派な原始人」を育てる

前項で、脳には育つ順番があり、5歳までは「からだの脳」を育てることが大事だとお伝えしました。「からだの脳」とは、姿勢や呼吸、内臓の働きを維持するといった、生きるための基本的機能を司る場所です。

「からだの脳」が正常に働いている子どもは、夜は暗くなれば眠くなり、朝は太陽が昇れば自然と目が覚める、いわば原始人のような生活リズムで毎日を送ることができます。

5歳までは、この原始人を育てることが何よりも重要です。

原始人なのですから、文字がスラスラ読めなくても問題ありません。夜は8時までに寝て、寝ている間にきちんと食べたものが消化でき、目が覚めたらいいうんちが出て、元気にご飯を食べられれば満点です。

それさえできていれば、インターネット上の情報と自分の子どもを比べて不安になる必要はありません。「うちの子は立派な原始人に育っている」と自信を持ってください。

**ネット上の情報には不確かなものも多い。他の子どもと比較する必要はなく、まずは「からだの脳」を育てることが最優先**

誤解!? 3

# 小さいうちから厳しくしつける

インターネットやSNSの発達は、別の形でも、現代の子育てに影を落としています。それは「子どもは周囲に迷惑をかけないように、親がきちんとしつけるべきだ」という無言の、しかし強い圧力です。

小さな子どもを連れて混雑している電車に乗ると、周囲からはやや迷惑そうな気配を感じる。ただでさえ肩身が狭いのに、子どもが騒いだりぐずったり、泣いたりしてしまった日には、乗客たちの目線は鋭くなる一方。直接、舌打ちをされたり「うるさい、黙らせろ」などと注意されたりしなくても、インターネットやSNS上には、親子連れに対する厳しい意見が、しばしば吐露されているものです。

「レストランに行ったら、隣の子どもがずっと泣きやまなくて最悪だった」

「スーパーの中でウロウロしている子ども。じっとしていられないなら、外に出すな」

子育てにおいて失敗することを過度に恐れている親御さんたちは、こうした社会からのプレッシャーを日常的に感じ、「周囲に迷惑をかけないよう、しっかりしつけなければ」と思い詰めているように見受けられます。

幼稚園や保育園といったリアルな場でも、しつけは話題にのぼりがちです。「○○ちゃんは『いただきます』から『ごちそうさま』まで、おりこうさんに座っていられて、とってもえらいですね」

同い年の子どもが、先生からそんなふうにほめられているのを聞くと、やはり自分の子どもと比べてしまい、「うちも、もっとちゃんとしつけないと」と焦ってしまう。

近年は、わが子が発達障害かどうかを気にする親御さんも非常に増えており、特に「落ち着きのなさ」には敏感になりがちです（発達障害への誤解については、別の項で詳しくご説明します）。

しかし、繰り返しますが、5歳までの目標は「立派な原始人を育てること」です。
4～5歳にもなると言葉が発達し、大人ともある程度の会話ができるようになってくるので、「一度言えば、わかるはず」「大人のように節度のある行動ができるはず」と考えたくなりますが、それは大きな勘違いです。

原始人なので、一度注意したからといって外でお行儀よくしていられるわけがありません。朝は自然に起きることができたとしても、登園時間から逆算して時間内に朝食を食べ終えるなんて、できっこないのです。

## 原始人に、どう声をかける？

とはいえ現代を生きる大人は、原始人の生活にすべてを合わせるわけにもいきません。そこで、次のように促してみてください。

「お店、広くて走りたくなるよね。でも人にぶつかると危ないから、歩こうね」

「朝ご飯、おいしかったね。あと5分でおうちを出なきゃいけないから、そろそろ着替えようね」

いずれはわかってもらう必要があるけれど、この子はまだ原始人なのだから難しい。そんな、ゆとりある気持ちで声をかけてあげてほしいのです。

原始人の子どもでも、ときどき、親が何も言わないのにお行儀よくしたり、自分から身支度できたりしていることがあります。でも、それは偶然にすぎません。次の日もその次の日も同じようにできるわけではない、と肝に銘じてください。
**たまたま上手にできた日には、「あなたって、めっちゃ天才!」とほめるだけでいいのです。**

「どうしてまだパジャマ姿なの? なぜ毎日、同じことを言わないとわからないの? 自分で考えて早く着替えなさい!」

5歳までの子どもをこんなふうに追い立てている親御さんも多いかもしれませんが、目の前にいるのは原始人。社会の圧力に負けず、余裕を持って向き合ってほしいと思います。

**5歳までは、「しつけが行き届いた子ども像」を期待しない。子どもの姿をそのまま受け止めた上で、必要に応じて言葉をかけ、促していく**

誤解!?④

# 泣かない子はいい子だ

生まれたばかりの赤ちゃんは、「泣くこと」でしか空腹感や不快感などを表現できません。まさに命をつなぐために泣いているわけで、「元気な泣き声ね」などとポジティブに受け止められることもあります。

ところが、言葉での意思疎通ができるようになると、子どもの「泣く」という行為は、たちまち大人たちからネガティブな反応を受けるようになっていきます。

親御さんのそばを離れるときに不安がったり、物事が自分の思い通りにならず、癇癪《かんしゃく》を起こしたり。しばしば感情の激しい発露とセットになっているため、子どもに泣かれると大人はつい、うんざりしがちです。逆に、嫌なことや痛い思いをしても、グッと泣くのをこらえた子どもに対しては「我慢して、えらいね」などと声をかけたりします。

**しかし、5歳までの原始人のうちは喜怒哀楽を我慢せず、思いっきり表現させてあげることが大切です。**

18ページで解説したように、人間の脳は「からだの脳」と「おりこうさんの脳」、そして「こころの脳」の3段階で順番にバランスよく育ちます。「からだの脳」は生命の維持に欠かせない機能を司っていますが、その中の一つに「情動」があります。これは、不安、怒り、恐怖、衝動性といった、自分の身の回りに起きたことに対して反射的に生じる、原始的な心の動きを指します。

情動がなぜ生命の維持に必要なのでしょうか。それは、例えば崖から落ちそうになったときに、とっさに恐怖を感じることで足を引っ込めたり、目の前に天敵が現れたときに、怒りを感じることで威嚇したりして、身の危険を回避することができるからです。命を守るための情動は、魚類や両棲類、爬虫類など、どんな原始的な動物にも備わっています。

一方、人間はもう一つのこころの働きである「情感」も備えています。情感とは、周りの人や自分が置かれている状況などを踏まえて起こるこころの動きで、安心、喜び、好意、自制心などがあります。

ところで人間は、「おりこうさんの脳」を発達させ、社会や文明を発展させてきました。高度に発展した社会に暮らしていながら、目の前の人に「怒り」を感じるたびに殴ってしまったり、欲しいという「衝動」が起きるたびに奪ってしまったりしては大変ですよね。

そこで人間は、「からだの脳」と「おりこうさんの脳」をつなぐつながり＝「こころの脳」に情感の機能を備えることによって、生命の危機に瀕したとき以外は、周りの状況や自分の置かれている立場を考え、情動を自制するようになりました。

衝動的に泣いたり怒ったりせず、感情をコントロールできるようになるには、情感、つまり前頭葉をうまく働かせる必要があります。前頭葉をうまく使えるようにすること、つまり「こころの脳」を完璧に育てることが、子育ての目標なのです。

## 5歳までは感情をコントロールできなくて当然

ただし「脳育てには順番がある」とお伝えしたように、いきなり前頭葉から育てようとするのは間違いです。

「からだの脳」が育つ5歳までの間に、原始的な感情を親に受け止めてもらうことなく、あたかも時期尚早に「こころの脳」が育ったかのような「いい子」に振る舞うことを強いられてしまうと、「おりこうさんの脳」ばかりが強化されたアンバランスな脳になり、結果として脳育ては失敗する可能性があります。**「自分の感情は、親に伝えてはいけないのだ」**

**と間違った学習をしてしまうと、思春期には親に何も話してくれない子になってしまうこともありえます。**

脳育ての理論上、5歳までは感情をコントロールできなくて当然です。極論、「いい子は危険」。周囲にはおりこうさんで通っているような子が、陰では友だちにいじわるや乱暴をしているケースも珍しくありません。

わが子が悲しくて大泣きしたり、「いやだ、いやだ」と騒いだりしていたら、それは立派な原始人が育っている証し。「そうだね、大事にしていたおもちゃが壊れちゃって悲しいね」などと、本人が出している感情をそのまま受け止めてあげてください。

**「からだの脳」より先に、「こころの脳」を育てるのは間違い。立派な原始人を育てるため、感情の発露を抑えつけるのではなく、そのまま受け止めよう**

誤解!? 5

# 自立のため、何でも一人でできるようにする

前項で「いい子」に育てようとするあまり、5歳までの間に泣いたり騒いだりという原始的な感情の発露を抑えつけるのは誤りだとお伝えしました。もう一つ気をつけたいこととして、ここでは「自立」についての誤解を取り上げたいと思います。

特に高学歴の親御さんに顕著ですが、自立とは生活を自分自身の力で賄えること――つまり経済的な自立を指すと考え、そのためには学歴があったほうが安心であると、早期教育にも躍起になりがちです。

ここまで順番にお読みいただいた方は、そうした行為は「おりこうさんの脳」を先行して育てようとすることであり、それよりもまず「からだの脳」を育てることが第一だということは、おわかりいただけているかと思います。

一方で、子どもの自立を目指すこと自体は間違っていないのではないか?と思われるかもしれません。しかし、この「自立」そのものの意味をはき違えている親御さんが少なく

ないのです。

多くの人が「自立とは、自分一人の力で生きていけることである」と考えています。しかし、世界中誰一人として「自分一人で生きる」ことはできません。**必要なのは「自分は自分一人では生きていけないので、誰か助けて！」と言える力です。**この生き抜く力は、昨今では「レジリエンス（困難を乗り越える力）」とも表現され、社会の変化が激しい現代においては、ますます重要だと言われています。

レジリエンスは①ソーシャルサポート（周囲の人たちからの支援や協力などに対する本人の感じ方）、②自己効力感（問題解決をどの程度できるかなどに対する本人の感じ方）、③社会性（他者との付き合い方における親和性や協調性などについての本人の感じ方）の3要素からなります。

ここで、私たちが、いわゆる発達障害などの生きづらさを感じる方たちを対象に行った臨床研究を紹介させてください。

私たちは、実験群である生きづらさを感じる方たちに脳波を測りながら認知課題（いわゆる脳トレのような問題）を行っていただきました。1～2週間に1回ずつ測定して、そのたびに「今日は、前回よりストレス脳波が下がったね」「じゃあ、次はもっとリラックスして取り組んでみよう」「最近困ってることある？」などと教育的な介入支援を行いました。全部で6～12回通っていただいて、初回と最終回のレジリエンス得点がどのように変わるかを調べたのです。

すると、最終回のレジリエンス得点の総合得点が初回よりも上昇しました。なかでも①のソーシャルサポートと②の社会性は有意に上がりました。一方で、教育的介入支援を行わないで測定のみを行った同じ年齢群の対照群では、レジリエンス得点の変化はありませんでした。それだけではなく、認知課題の正答率も、初回は実験群のほうが対照群より有意に低かったのが、最終回にはその差がなくなっていました。つまり、実験群の皆さんは、「助けてもらえている」実感を持つことで、脳機能もアップしたと言えるのです。

## 真の自立とは、周囲に頼れること

このことは、子育てにも大きな示唆を与えてくれます。親から「自立とは、自分一人の力で生きていけることである」と教えられた子どもは、「人に頼るのはよくないこと」「助けてもらうのは恥だ」と考えるようになり、レジリエンスは低下し、結果として、例えば学校生活が行き詰まるかもしれないわけです。

子どもにはできないことがたくさんあります。それを「早く一人でできるようにしなさい！」と叱るのではなく、子ども自身が自分のダメなところを自覚した上で、「助けて」と言える家庭環境をつくることが大事です。**周りの大人にサポートされることで「自分は支えられている」と自覚する。これこそが高いパフォーマンスを生むのです。**

レジリエンスは子どもに限らず、現代を生きる多くの日本人に足りないと言われています。まずは大人の私たちが「ええかっこしい」をやめて、自立とは「周りに『助けて』と言って助けてもらったら『おかげさまで』と感謝できることである」と考え改めることが、第一歩ではないでしょうか。

**「誰にも頼らず、一人で何でもできるように」と育てると、レジリエンスが低くなる。親も子も、周囲への「おかげさまで」の気持ちを持つようにする**

誤解!? 6

# たくさん読み聞かせすれば、賢い子が育つ

ここまで、5歳までの子育てでは、まず脳の1階部分の「からだの脳」をしっかり育てることがいかに大切かをお伝えしてきました。

一方で2階部分の「おりこうさんの脳」も、1歳を過ぎたあたりからどんどん発達していきます。わかりやすいのは言語機能です。マンマ、バァバなどの単語から始まり、2歳頃になると「ごはん、たべたい」などの二語文に。3歳にもなると、少しは黙っていてちょうだいと言いたいほどのおしゃべりになります。さらにハサミで紙を切る、絵を描くといった指先の微細運動や、読む、書く、計算する知能などの機能が育っていくのです。

この頃から親御さんが子どもに与えるポピュラーな教育に、絵本の読み聞かせが挙げられます。毎日、夜寝る前などに何冊も読み聞かせることを通して、言葉を豊かにするとともに「物語から、人を思いやるこころを身につけてほしい」と願っている人も多いのではないでしょうか。しかし実は、絵本の読み聞かせだけでは前頭葉の機能である「こころの

図2　近赤外線酸素モニターを使った前頭葉機能の測定

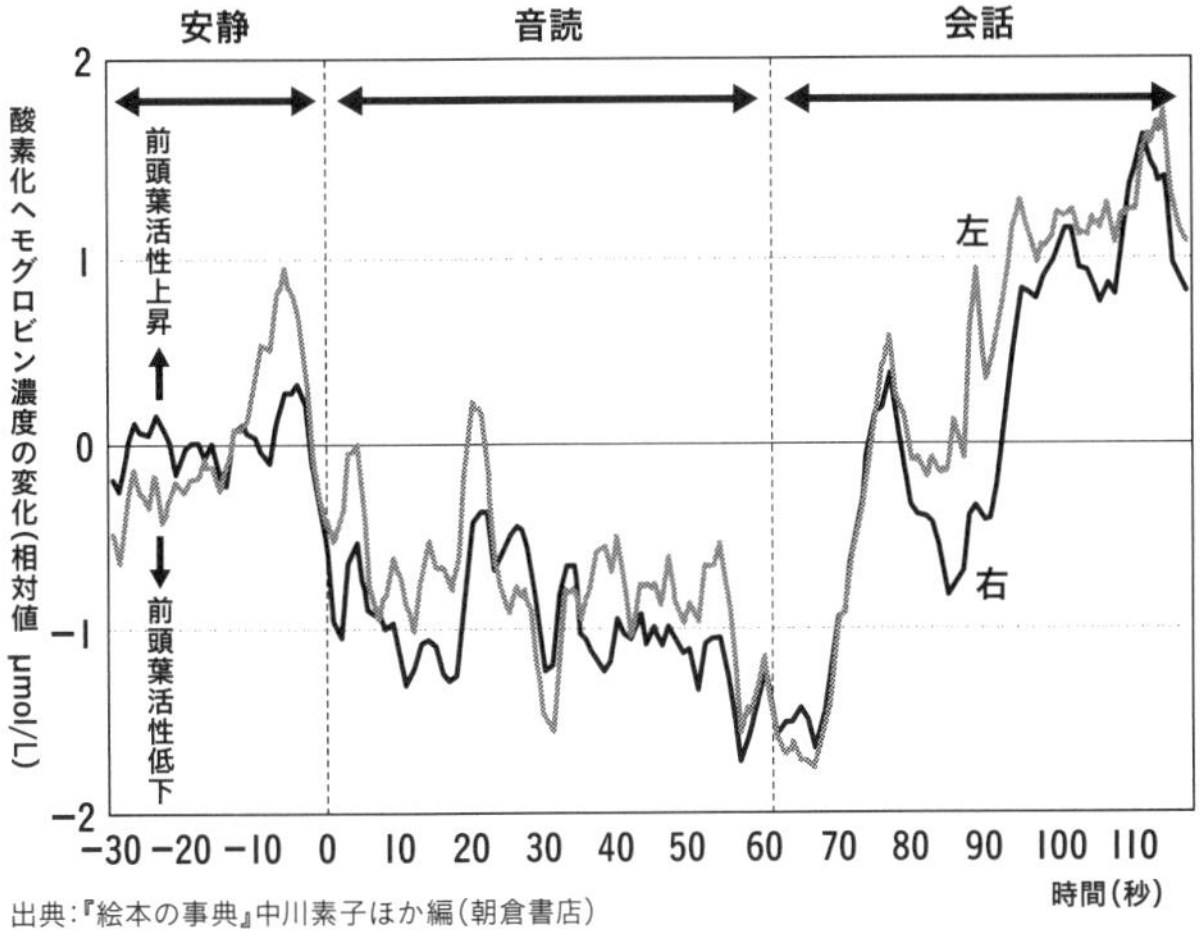


出典:『絵本の事典』中川素子ほか編(朝倉書店)

脳」は育っていかないのです。

私たちは、8歳の女の子に近赤外線酸素モニターをつけて絵本の音読をしてもらい、前頭葉の活動量がどう変化するかを測定するという実験を行ったことがあります。すると、音読を始めてから、女の子の前頭葉活動量が、左右どちらも低下してしまったのです(図2)。

ほかのさまざまな研究でも、本を読んでいる間は、前頭葉の活動量が低下することが明らかになっています。前頭葉は、いろいろな知識や記憶などを統合しながら、周りの状況を判断し、自分がどう振る舞えばよいかを論理的に考える場所です。

複雑な物語ならともかく、ひらがなばかりで書かれている絵本を読むのに、前頭葉の高度な機能は必要ないことがわかりました。

ただし、「からだの脳」の大脳辺縁系（情動を引き起こす部位）や自律神経系、「おりこうさんの脳」の後頭葉（視覚）や側頭葉（言語野）は刺激を受けるため、絵本の読み聞かせは脳育てに「よいこと」なのは確かです。では、さらに「こころの脳」である前頭葉機能を育てるには、どうすればいいのでしょうか。

## 言葉は「アウトプット」が大事

もう一度、図2を見てください。絵本を音読している間は前頭葉の働きが低下していますが、本を閉じてから読んだ内容について質問し（例：桃太郎のお供になった動物は、サルとキジと何？）、自分の言葉で答えてもらったところ、（たとえ答えが間違っていたとしても）前頭葉が急に活発に働き始めました。

これは「短期記憶」という前頭葉の機能がフル活用され、質問に対してどう答えるか、つまりどう振る舞うかを考えたことによるものです。

この実験から、子どもに本を音読させたり、読み聞かせたりするだけでは前頭葉が刺激されないということがわかりました。言葉を聞かせる、教え込むだけではなく、子ども自身の言葉を引き出すことが大切だというわけです。さらに大事なのは、間違った答えでも子ども自身が「考える」ことです。

日頃、親御さんから子どもへの声かけを見ていると、子ども自身の言葉をじっと待って引き出そうとしている人は少ないように思えます。「どうする？　もうごちそうさま？じゃあ手を洗っておいで。トイレは？　今行っておきましょう」と親が一方的にしゃべって、子どもは一言も発しないまま……。**言葉をインプットするだけでは、「こころの脳」までバランスよく育てることはできません。目指したいのは親子で「対話」することです。**

読み聞かせだけでなく普段の会話でも、子どもが自分の考えや気持ちを自分自身の言葉でアウトプットするまで、辛抱強く待ってあげることを意識してみてください。

**言葉をインプットするだけでは、脳はバランスよく育たない。子どもからの言葉のアウトプットを辛抱強く待ち、対話をすることで、前頭葉が活性化する**

誤解!? 7

# 一度育ってしまった脳は、変えられない

「からだの脳」より先に、「おりこうさんの脳」や「こころの脳」を育てようとすると、脳のバランスが崩れてしまいます。小さい頃から勉強も運動も得意で聞き分けがよく、「神童」などと呼ばれていたような子が、小学校高学年〜中学生になると朝起きられなくなったり、心身の不調を引き起こしたりするケースは珍しくありません。

では、そのようにバランスを崩してしまった脳は、二度と正常な状態に戻ることができないのでしょうか。**結論から言うと、脳は何歳からでもつくり直すことが可能です。**

人間の脳内には、情報処理をする神経細胞（ニューロン）が、通常150億〜200億個あると言われています。この神経細胞が複雑に結びついて情報伝達することで、脳は成長します。神経細胞を顕微鏡で見ると、中心に丸い核がある星のような形をしていて、「軸索」と「樹状突起」という神経突起が伸びています（図3）。

## 図3　神経細胞の構造

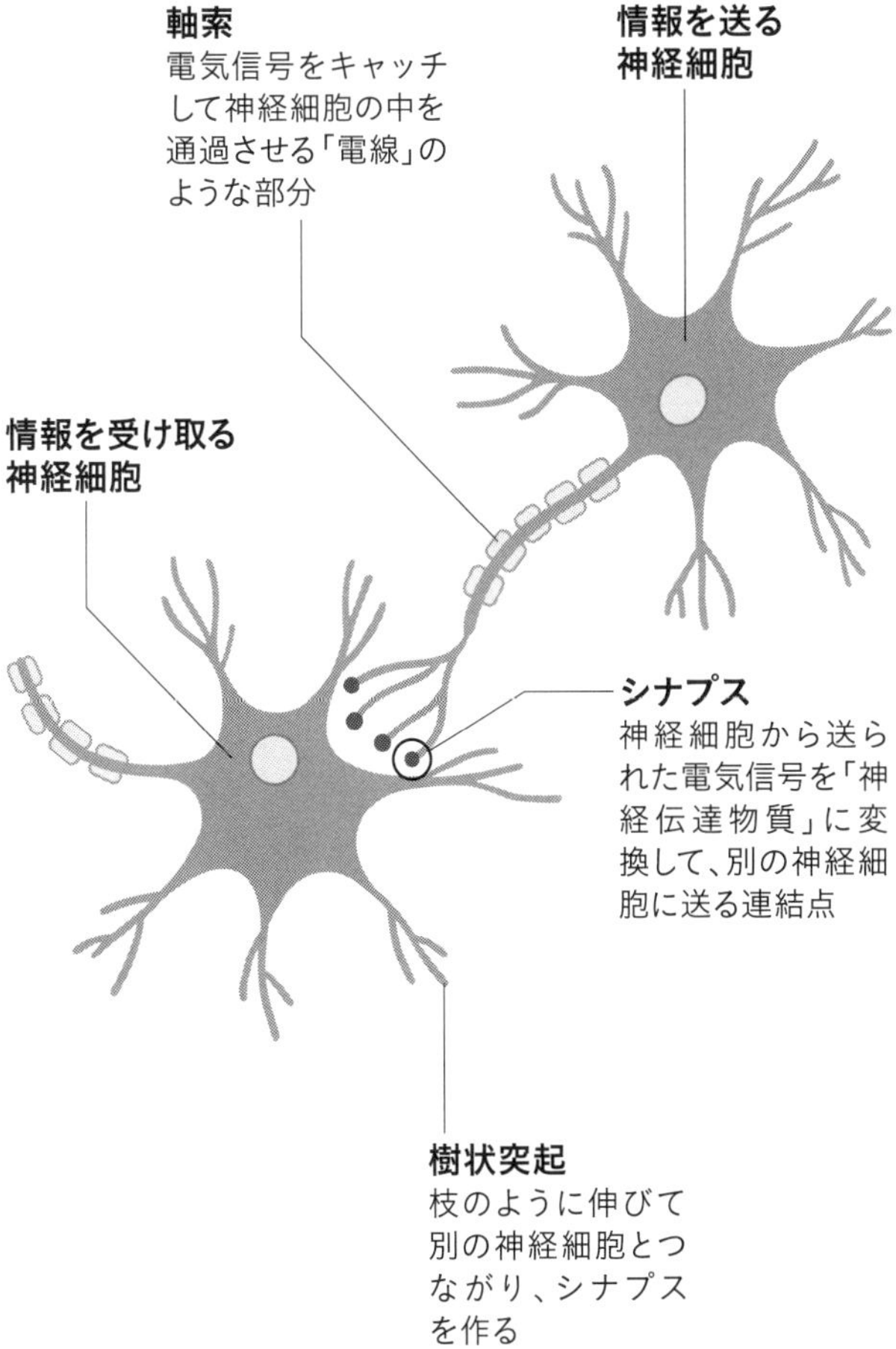
軸索
電気信号をキャッチして神経細胞の中を通過させる「電線」のような部分
情報を送る神経細胞
情報を受け取る神経細胞
シナプス
神経細胞から送られた電気信号を「神経伝達物質」に変換して、別の神経細胞に送る連結点
樹状突起
枝のように伸びて別の神経細胞とつながり、シナプスを作る

大人の脳の中では、一つ一つの神経細胞同士がつながり合って、網目のような構造になっています。一方赤ちゃんの脳は、脳細胞の数は大人と同じなのですが、このつながりが未発達なのです。

神経細胞同士のつながりに必要なのが、五感からの刺激です。生後3か月目には、神経突起がモジャモジャとしげり、つながり始めます。そして2歳になると網目構造がしっかりとしてきて、密度が濃くなります。

こうした細胞同士のつながりを作ることが、「脳を育てる」ということなのです。

成人期には、およそ100億個の脳細胞がつながります。しかし、残り50億~100億個の脳細胞はつながらずに残っており、死ぬまでつながりが増え続けることが脳科学の知見からわかっています。そのため何歳になっても脳のつながりを増やすこと、つまり脳を育てることは可能なのです。この、脳が変わる可能性のことを「脳の可塑《かそ》性」と呼びます。

## 「ペアレンティング」で脳は育て直せる

子育て科学アクシスでは、脳科学・心理学・生理学に基づいたメソッド「ペアレンティング・トレーニング」を会員さんに実践していただき、バランスが崩れてしまったお子さんの脳を、これまでたくさん育て直してきています。

ペアレンティングは、直訳すると「親の子育てのやり方」ですが、私たちは「親など周囲の大人が子どもに与える、脳を育てる生活環境」という意味で使っています。よいペアレンティングとは、次のようにまとめることができます。

・ブレない生活習慣を確立する
・調和が取れたスムーズなコミュニケーションを図る
・親子がお互いを尊重して協力し合う体制をつくる
・怒りやストレスへの適切な対処法を共有する
・親子が楽しめるポジティブな家庭の雰囲気をつくる
・親はブレない軸を持つ

このペアレンティングによって、問題を抱えている子どもも、驚くほど改善するのです。

## 極度の偏食が「早起き習慣」で改善

4歳のFちゃんの例を紹介します。偏食で、食卓に座っても遊んでいるばかりで料理にまったく手をつけないことに、お母さんが悩んでいました。普通は1歳頃までに「食べたい」という欲求が自然と働くはずなのですが、Fちゃんは、生きるための機能を司る「からだの脳」がしっかりと育っていないようでした。さらに、幼稚園ではしばしば友だちとケンカをして落ち込んでしまい、幼稚園に行きたがらない日も多かったそうです。

そこで生活リズムについて聞いてみると、Fちゃんは生まれてから今まで、夜の12時より前に寝たことがほとんどないとのことでした。9時頃からお母さんが寝かしつけようとするものの遊んでしまい、10時頃にお父さんが帰ってくると、ますます興奮して眠れなくなってしまう。0時を回った頃にようやく寝つき、翌朝の起床時間は8～12時とバラバラ。そんな毎日を送っていることがわかりました。

「からだの脳」を育て直すには、生活リズムを改善することが何よりも重要です。Fちゃんのようなお子さんの場合、いくら夜に一生懸命寝かしつけようとしても難しいので、まずは早起き習慣を身につけることから始めます。

Fちゃんは、まず朝7時にお母さんが起こし、ポストまで新聞を取りに行く「役割」を与えました。最初はぐずって起こすのが大変でしたが、3日目頃から機嫌よく起きられるようになり、わずか1週間で夜8時には眠ってしまう生活に変わることができました。お父さんが帰ってきてもぐっすり眠って起きません。

そして生まれて初めて、自分から「おなかがすいた」と言って、一日3食のご飯をしっかり食べられるようになったのです。幼稚園のトラブルもまったくなくなり、毎朝いちばんに登園できるようになりました。

「ブレない生活習慣」を含めたペアレンティングの具体的な方法については、のちほどご紹介していきます。Fちゃんのような幼児だけではなく、朝起きられず不登校に陥っている小中学生のお子さんでも、脳を育て直すことは可能なのです。

**人間の脳は、死ぬまで育つ。たとえ脳のバランスを崩して問題を抱えてしまっていても、正しいペアレンティングによって何歳からでも改善できる**

誤解!? 8

# 発達障害と診断されたら、一生治ることはない

昨今、発達障害と呼ばれる子どもが急激に増えています。2006年時点では約7000人だったのが、2021年には10万人を超えています。途中から調査対象が広がったことを加味しても、15年間で15倍以上に増えたのです（図4）。

日本では2004年に「発達障害者支援法」が制定され、発達障害の早期発見と適切な支援が促されるようになりました。それによって発達障害という言葉が一般の人々にも浸透し、メディアでも頻繁に取り上げられるようになりました。

全国に発達障害者支援センターが設置され、文科省の推奨で、学校の先生は発達障害に関する研修を受けるようになりました。こうして、例えば「すごく不器用な子」などは積極的に支援する必要がある、と考えられるようになったのです。

このように社会が大きく変化したことによって、これまで困難を抱えていた子の状況が改善し、誰もが適切な教育を受けられるようになったのは、非常に意味のあることでした。

## 図4　発達障害の児童生徒数の推移

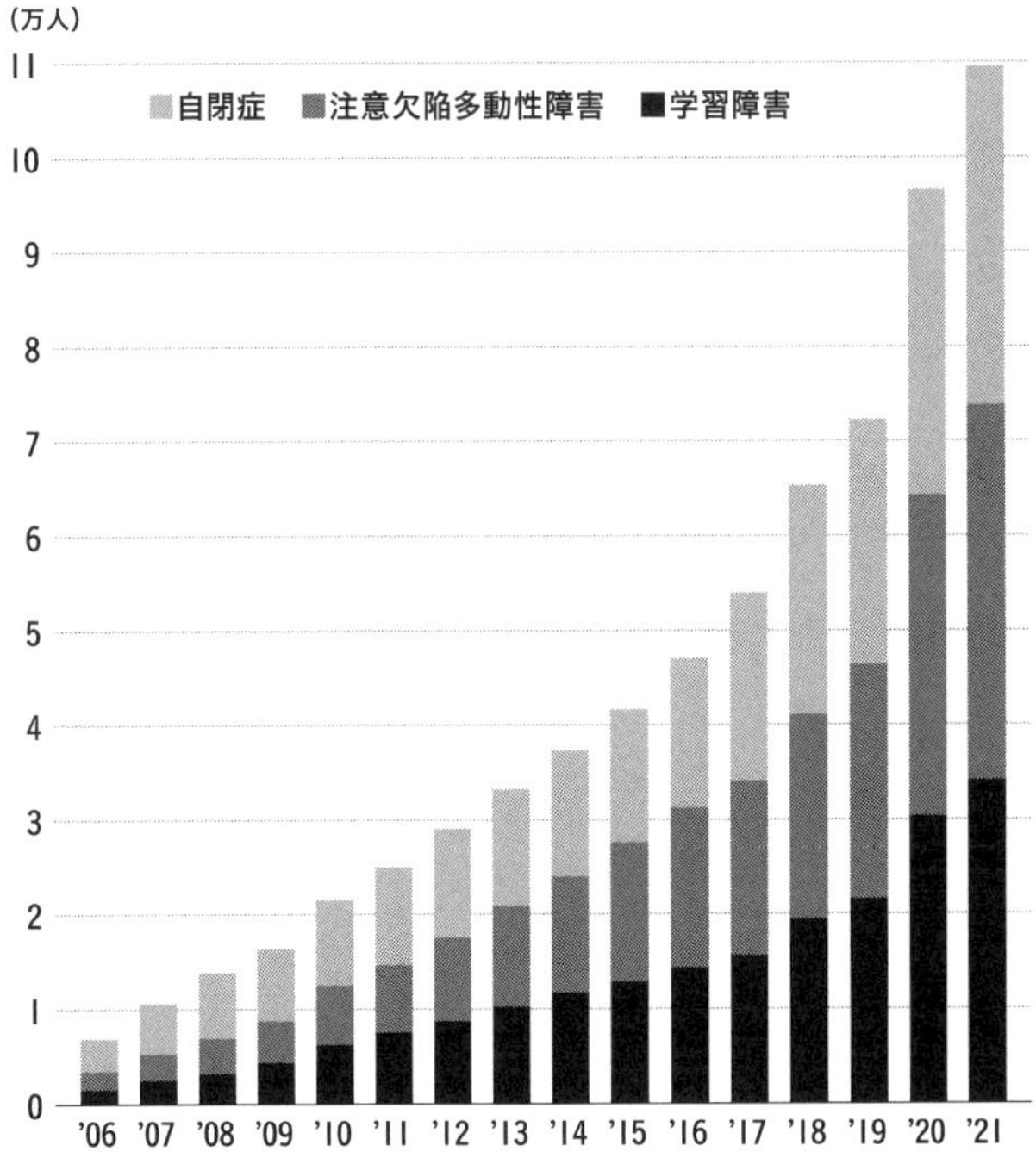


文部科学省「令和3年度 通級による指導実施状況調査結果」より作成

**●自閉症(ASD)**
対人関係が苦手で強いこだわりがあるとされる発達障害
**●注意欠陥多動性障害(ADHD)**
不注意、多動、衝動性が特徴とされる発達障害
**●学習障害(LD)**
聞く・話す・読む・書くなどに困難が生じる発達障害

一方で、少しでも手がかかるような子ども――それこそ立派な原始人までもが、すぐに「発達障害」という枠に当てはめられてしまうケースも、残念ながら増えているのです。

実際に、学校などから「発達障害ではないか？」と言われて子育て科学アクシスに相談に来るお子さんの中には、医学的には発達障害の診断がつかないケースも数多くあります。これを私は「発達障害もどき」と呼んでいます。

発達障害もどきとは、大まかに言えば「発達障害の診断がつかないのに、発達障害と見分けがつかない症候を示している状態」です（あくまで私が診療を通して出会った子どもたちの症候を見るなかでつくった言葉なので、そうした診断名があるわけではありません）。

この発達障害もどきは、次の3つのタイプに分けることができます。

①診断はつけられないが、発達障害の症候を見せるタイプ

発達障害は「先天的な脳の機能障害」と定義されるため、生まれたときからの生育歴を診断基準に照らし合わせることで決まります。生育歴にはまったく問題が見られないのに、落ち着きがない、集団生活に適応できない、衝動性が高いなど、発達障害と類似し

た症候を見せるケース。

②医師以外から「プレ診断」を受けるタイプ

本来、発達障害と診断できるのは免許を持った医師だけなのですが、最近は保育士さんや幼稚園の先生、学校の先生から「発達障害では」とプレ診断を受けるケース。

③発達障害の診断をしたものの、症候が薄くなるタイプ

生育歴などから発達障害の診断がついたにもかかわらず、成長するにしたがって症候が薄くなるケース。

**「発達障害かも」と言われたとしても、これら3タイプでは、ペアレンティングによる生活・環境改善を通じて、症候が目立たなくなることが少なくありません。**

例えば、①と②に当てはまる、4歳のAちゃんという子がいました。彼女は偏食がひどく、幼稚園ではお友だちを叩いたり暴言を吐いたりといった問題行動が見られました。そのため園の先生から専門機関の受診をすすめられ、相談に来られたのです。

Aちゃんの生活リズムを聞くと、前項のFちゃん同様、夜中に寝て朝ギリギリまで起きないということだったので、朝7時に起きて、夜8時には寝つく生活に改善してもらいました。すると、3食のご飯をきちんと食べられるようになったのはもちろん、お友だちの輪に自分から加わるようになり、トラブルがなくなっていったそうです。

また③に当てはまっていた、中学生のS君の場合。彼は生育歴・行動ともに、医学的にも発達障害の診断がつく男の子でした。

歩くようになったのは早かったけれどハイハイをする時期がなかった、物の置き方や朝の行動の順番にこだわりがあるなど、乳幼児期から発達障害特有の生育歴がありました。また言葉の出が遅く、小学生になっても会話がスムーズにできないために周囲とのコミュニケーションに困難を抱え、ストレスから暴言や暴力が出ていたのです。

S君の普段の生活を聞いてみると、やはり家族そろって夜型の生活リズムだということがわかりました。

そこで家族一丸となって生活を変えていただくように指導したところ、6か月経つ頃には、S君の問題行動はほとんど見られなくなっていました。今では朝5時に起床し、近所を散歩してから朝ご飯をしっかり食べ、朝早くから学校に行って自主的に勉強しているそうです。これは、私の言うところの「発達障害だけど、それを表にしなくていい」発達障害もどきにあたります。

発達障害かもしれないと言われていても、正しい判断ではないかもしれません。また発達障害のような症候を示していたとしても、そして実際に発達障害であっても、古い脳から順に育て直すことによって症候を改善することが可能なのです。

「うちの子、発達障害かも」という気づきは、むしろお子さんとの暮らしを見直し、脳を育て直すチャンスです。第2章からは、その基本となる生活習慣の誤解と改善について、詳しく解説していきます。

巷で言われる発達障害には、生活リズムの乱れからくる「発達障害もどき」も。正しいペアレンティングで症候を改善することが可能

第2章

# 生活習慣への誤解

第1章では、今、過熱している
早期教育の危険性などを挙げながら、子どもの脳は
「からだの脳」「おりこうさんの脳」「こころの脳」という
順番で育てることが重要だとお伝えしました。
本章では「からだの脳」を育てるのに欠かせない、
子どもの生活習慣に関する誤解を解き明かしていきます。

誤解!?

9
# 朝はなるべくたっぷり寝かせておく

「寝る子は育つ」と言われるように、子どもにとって十分な睡眠が重要だということに異論のある人はいないでしょう。

そのためか、朝は園や学校に間に合うギリギリの時間まで、できるだけ子どもを長く寝かせておくほうがよいと考えている親御さんが少なくありません。しかし、これは子どもの脳を育てる上で、実はよくない生活習慣です。


そこまで寝不足ではないはずなのに、朝はグズグズしてなかなかベッドから出られない。ようやく起きたかと思えば、朝ご飯を目の前にしてもボーッとしている。そんな子どもを毎朝せき立てながら身支度や準備を手伝ってやり、ときには車で送っているという話もよく聞きます。皆さんのお子さんは、どうでしょうか。

第1章で、「からだの脳」がきちんと育った原始人のような子どもであれば、太陽が昇って明るくなるとともに、誰に起こされるでもなく自然に目が覚めると解説しました。
そうでない場合、お子さんは「からだの脳」が育つのに必要な睡眠リズムを確立できていないと考えられます。

次ページの図5は、世界中の小児科医がもっとも参考にしている教科書『ネルソン小児科学』に掲載されている、年齢別に必要な睡眠時間です。これによると、5歳児なら11時間の夜間睡眠が必要だとされています。

気をつけていただきたいのですが、11時間の睡眠を確保することができれば、それがたとえ夜の10時から朝9時の間であっても問題ないというわけではありません。あくまでも「夜間睡眠」を11時間取ることがポイントです。

なぜなら、人間は夜行性ではなく昼行性の動物だからです。本来は日が昇る朝6時には目覚めて活動を始め、日が沈む夜7時には活動を終えて眠りにつくように体内時計がセットされています。

もし、お子さんの睡眠リズムが図5に示されているものと合っていない場合、「からだの脳」が正常に機能しにくくなってしまっている可能性が高いのです。

## 図5　子どもに必要な標準睡眠時間

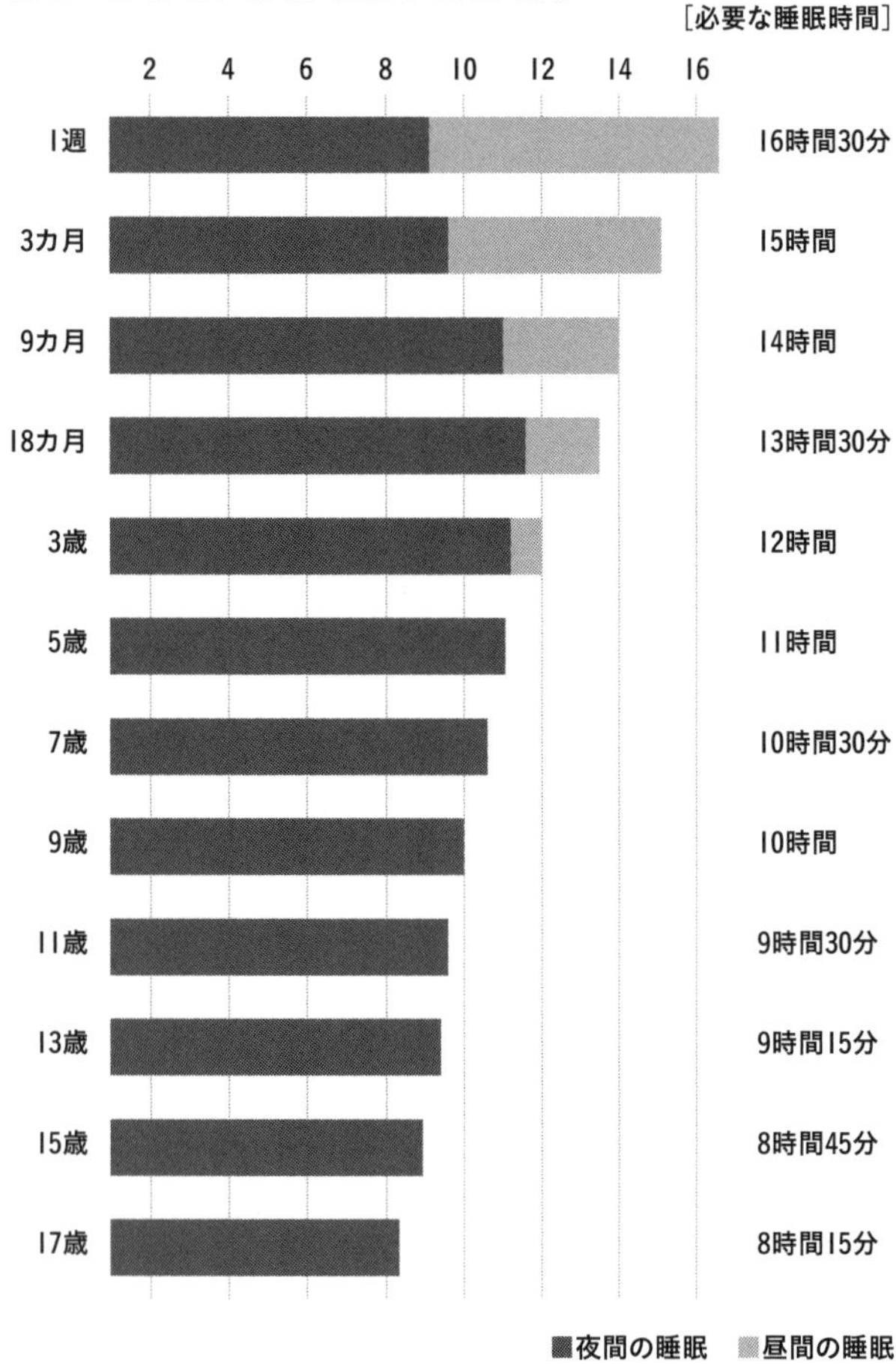


（出典）Nelson;Textbook of Pediatrics,21th ed,2019より著者改変

朝早く目覚めることが脳にもたらすメリットは、ほかもあります。「ハッピーホルモン」とも呼ばれる脳内物質のセロトニンが、朝5時から7時の間に太陽の光を浴びることで盛んに分泌されるということ。さらに、「元気ホルモン」と呼ばれるコルチゾールも、朝しっかり目覚めた脳で大量に分泌されることです。

睡眠時間を確保するために、朝遅くまで寝かせてしまっていては逆効果だということが、おわかりいただけたでしょうか。

## セロトニン神経が育てば「大丈夫」

大人でも、セロトニンの分泌が不足すると抑うつ気分などのこころの病気を引き起こす、という話を聞いたことがある人も多いと思います。子育てにおいても、セロトニンがしっかり分泌され、きちんと働く脳をつくることが非常に重要です。

「からだの脳」は、生きるのに必要な食欲、姿勢、睡眠、呼吸、情動、自律神経、性欲、認知、記憶などを司っていますが、これらをコントロールしているのが、セロトニンが格納され、脳内の機能を司るセロトニン神経です。

セロトニン神経は、「からだの脳」の中心部にあたる脳幹にその基地があり、そこから「おりこうさんの脳」「こころの脳」に軸索、すなわち神経突起を多く伸ばしています。

このセロトニン神経が、本能で感じた不安や恐怖を前頭葉につないで「大丈夫」と処理してくれるおかげで、私たちはちょっとしたことでパニックに陥ることなく、落ち着いて過ごすことができるのです。

「からだの脳」に基地を持つセロトニン神経は、五感から繰り返し刺激を入れてあげることで育ちます。なかでも重要なのが視覚、つまり目から入ってくる刺激です。そのため、朝は太陽の光を浴びて視覚を刺激する。夜は真っ暗にして光の刺激がない状態にする。また朝になったら、太陽の光を浴びて、夜になったら光をなくす……。この繰り返しによって、セロトニン神経が育っていきます。なお、この神経の中に存在するセロトニンという物質は体内で作られないので、食事からトリプトファンという必須アミノ酸を摂取することも必要です。

**セロトニン神経がしっかり伸び育ち、セロトニンが十分補充されることによって、「からだの脳」と「おりこうさんの脳」「こころの脳」がつながり、安心感の強い子になるのです。**

実は最近、小学生で摂食障害に陥ってしまう子どもが増えています。かつて、摂食障害は主に思春期の女性に見られるものでした。ところが、特に痩せ願望がないにもかかわらず、食欲不振になり、体重が減少してしまう小学生が、男女問わず、私のもとによく相談に来るようになりました。

睡眠リズムが乱れていることでセロトニン神経がきちんとつくられない上に、食欲がなくて食事が摂れないことでセロトニンの原料であるトリプトファンの摂取も減ったため、「チーム競技で自分が失敗し、友だちに責められた」といった、日常のささいなことから強い不安を感じ、これが食欲低下のさらなる原因となり、悪循環になるのです。

このようなケースでも、睡眠リズムを整え、セロトニン神経を育て直して食欲が出てくると、少しくらい不安になることがあっても「まあいいか」「大丈夫」と解決できるようになります。一にも二にも睡眠リズムが大切、というわけです。

**「からだの脳」育ての土台となる睡眠は、長さだけでなく夜間にしっかり取ることが大切。朝は太陽とともに目覚める生活を送ろう**

誤解!? 10

# 毎日、日課をきちんとこなしてから寝かせる

前項で、正しい睡眠リズムでセロトニン神経が十分働く脳にすることがいかに大切かをご説明しました。

理想的な一日は、朝は太陽が昇る時刻に親子そろって起きて、太陽の光をたっぷりと浴び、視覚を刺激することから始まります。可能であれば、5分でいいので家の周りをお散歩すると、より一層、セロトニンやコルチゾールが分泌されます。

こうして、朝しっかりと太陽の光を浴び、体内時計が正常に働いている「からだの脳」では、午後3時を過ぎるとメラトニンという物質が分泌され始めます。

このメラトニンは体温を下げ、筋肉の緊張をほぐして脳を休ませる「睡眠」の状態へと、からだを整えてくれます。

そのため、夕方以降は脳を激しく刺激し、興奮させるような活動は控えましょう。よりスムーズに入眠に向かわせるには、「入眠儀式」を取り入れるのがおすすめです。

例えば、夜6時には食卓について夕食を食べ、そのあとお風呂に入ったら7時には上がる。7時30分になったら歯を磨き、絵本を一冊選んでベッドに入る……というように、夕食から寝るまでの一連の流れをルーティン化するのです。

自分から時計を見て行動することが難しい幼児期であっても、「もう8時だから、寝なきゃね」と時刻を伝えながら習慣化しておくことが大切です。

こうして体内時計がきちんと機能することで「からだの脳」が正常に働いて、寝ている間に食べたものが消化されます。すると翌朝目覚めたとき、すぐにいいうんちが出ます。

朝、自然と目覚めて「飢えている」状態をつくれるよう、体内時計をしっかりと働かせる生活リズムを取り入れてください。

## 「1日くらい入浴しなくても大丈夫」の心構えで

ところが、昨今は共働きをしていて、両親ともに帰宅が遅いご家庭も多いです。夜7時頃からバタバタと夕食の準備を始め、宿題や勉強をこなし、そこからお風呂に入れて……としているうちに、どうしても寝るのが夜10時を過ぎてしまうという声もよく聞きます。

「手作りの夕食を、なるべく品数多く食べさせたい」「お風呂にはゆっくり浸かってリラックスさせたい」「寝る前には、絵本を必ず1冊読む」などと考えるのが、子どもを思う親心なのかもしれませんが、そのせいで就寝時間が遅くなってしまっては本末転倒。脳育ての観点から言えば、間違っていると言わざるを得ません。

繰り返しになりますが、「からだの脳」を育てる上で何よりも優先しなければいけないのは、「お日さまのリズムに合わせ、毎日決まった時間に寝かせ、決まった時間に起こすこと」です。特に乳幼児時代は、毎晩午後8時までに寝かせ、毎朝午前7時までに起こすことを目標にしてください。

現代の子育て家庭は忙しいですから、決まった生活リズムを守るのは大変かもしれません。しかし、そこだけは根性を入れてほしいのです。

逆に、「ご飯をしっかり完食させ、お風呂にゆっくり入れて、きちんと遊ぶ」という日課を遂行することに根性を入れる必要はありません。

**寝なければいけない時刻から逆算して、夕食を作る時間がなかったら、納豆ご飯で済ませてしまってよいのです。**1日くらい入浴しなくても大丈夫なので、お風呂もなしにしてしまいます。絵本を読んであげられなくても死にはしません。

もちろん、毎日が納豆ご飯では栄養が偏ってしまいますし、お風呂に入らない日が続けば不衛生ですから、時間がある日に帳尻を合わせるようにします。

夕食が簡素になってしまったら、翌朝は野菜たっぷりのスープを用意する、朝お風呂に入るなど、1日、1週間単位でうまくバランスが取れればよいと考えてください。

夜ふかし・朝寝坊が習慣化している場合、無理やり早く寝かしつけようとしても、親のイライラが伝わってしまい、かえってうまくいきません。現時点でお子さんの寝る時間が遅くなってしまっているなら、第1章のFちゃんの例（46ページ参照）でもご紹介したように、まずは早起きリズムを習慣化することから始めましょう。

**夕食やお風呂など、すべての日課をこなすために寝る時間が遅くなっては本末転倒。入眠儀式で脳によい生活リズムを定着させよう**

誤解!? 11

# 体を冷やさないよう、お風呂は寝る前に入れる

日本人は、世界的に見ても入浴頻度が高いと言われています。暑い夏場以外は、毎日湯船に入ることを習慣にしているご家庭も多いのではないでしょうか。

こと、子どもに対しては「湯冷めするのはよくない」と就寝間際にお風呂に入り、からだが温まっているうちに布団に入るようにしているという話をよく聞きます。

しかし、これは間違った考え方です。寝る直前に熱いお風呂に入ると、交感神経が緊張し、寝つきが悪くなってしまいます。

入浴は寝る1時間前までに済ませるようにして、時間がない日はシャワーにするか、いっそのこと、朝風呂にしてしまいましょう。

また子育て家庭においては、お風呂が親子の大切なコミュニケーションの時間になっている場合も少なくありません。

一日の中で、お父さんと子どもが唯一ゆっくり触れ合える時間だからと、夜遅くに仕事から帰ってきて、そこから子どもとお風呂に入ったり遊んだりしているご家庭もあります。

しかし、前項でお伝えしたように、夕方以降は脳でメラトニンが分泌され、身体が就寝モードに向かっています。そこに刺激を与えてしまうと寝つきが悪くなってしまうので、この習慣は見直してください。

特に子どもが乳幼児期のうちは、夜8時までに寝るのが望ましいので、お風呂は7時頃までに入っておく必要があります。

帰宅が遅い親御さんは、子どもが幼いうちは早めに帰宅できる日を増やすように調整するか、朝時間を活用して子どもと遊ぶなどの工夫をしてください。

ちなみに理論上は、お風呂は朝に入ったほうが、交感神経が優位に働いて、シャキッと動くことができます。私自身も毎朝3時か4時に起床し、朝風呂に1時間浸かることを習慣にしています。

## 自律神経を鍛えるお風呂習慣

一方で、もし夕方にゆっくり時間が取れる日は、お風呂は「からだの脳」が司る自律神経を鍛えるのに、格好の場となります。

自律神経は「からだの脳」部分、大脳辺縁系や間脳に基地を持っており、気温や湿度、気圧や重力といった外的環境の変化に応じて、いつも同じからだの状態を保てるように、交感神経と副交感神経のバランスを常に取る役割をしています。

また、外敵に襲われそうになり、恐怖や不安といった情動が起きたことによるストレスに対応し、からだを反射的に戦闘モードにして身を守る態勢にしてくれるのも自律神経です。自律神経が活発になればなるほど、脳が環境の変化を素早く感知し、自分のからだを対応させられるようになるのです。

「暑い」「寒い」、「熱い」「冷たい」といった刺激を、脳に繰り返し入れてあげると、この自律神経が活発になります。家庭では、お風呂はそれに最適の場所です。

お子さんと一緒に、熱めのお湯（42～43℃）と冷たい水（20℃前後）をシャワーで浴びたり、洗面器を二つ用意して、熱いお湯と冷たい水に交互に手を浸けたりするなど、楽しく安全にできる範囲でやってみてください。

シャワーであれば1分ずつ10回、洗面器の場合は3分ずつ10回を繰り返し行うことで、

1か月くらい続けると、自律神経が鍛えられます。

なお、就寝直前の入浴と同様に、夜寝る前のメディアも交感神経を活発化させてしまうため、やはりNGです。

就寝前にテレビやゲーム、スマホやタブレットなどから目に強い光（ブルーライト）を入れてしまうと、メラトニンの分泌量が減って体内時計が狂ってしまい、寝つきの悪い脳になってしまいます。大人も子どもも、少なくとも就寝1時間前にはメディアをシャットアウトしてほしいと思います。

**就寝1時間前以降は、交感神経を活発化させる入浴はNG。朝や時間がある日の夕方にゆっくり入り、自律神経を鍛えよう**

誤解!?
## 12 宿題は終わるまで親がつきそう

「誤解10」で、乳幼児期には午後8時までに寝ることを目標に、時間がない日は夕食を簡単に済ませてもいいし、お風呂に入らなくても構わないというお話をしました。

ところが小学生になると、この生活のルーティンに「宿題」が加わってきます。夕食やお風呂は時短することができても、宿題ばかりは子ども次第なので、ここにどうしても時間がかかってしまう、とお悩みの親御さんも多いようです。

ベネッセ教育総合研究所が1998年から実施している「学習指導基本調査」によれば、ほとんどの学校で毎日宿題が出されており、2002年以降、小学生が一日に宿題にかける時間は徐々に増え、2016年時点で平均約40分となっています。

子どもに任せているといつまで経っても宿題が終わらないので、やり終えるまで親が見守り、つきそっているという話もよく聞きます。その場合、宿題が終わるまでは夕食の準備もできないので、夜寝る時間がどんどん遅くなってしまいます。

こうした「宿題を軸にした生活時間」のために、問題行動が収まらなくなっていたお子さんの例をご紹介しましょう。

小学校4年生のAくんは、低学年の頃から「授業中に立ち歩いてしまう」「友だちに手を出す」「宿題をしてこない」「忘れ物が多い」などと指摘されることが多い子どもでした。

そこでお母さんはAくんの帰宅後、毎日次のルーティンで過ごすようにしたのです。

・帰宅後、ランドセルから宿題を出させ、お母さんがつきっきりで宿題をさせる。
・宿題が終わってから、やっとお母さんは夕食の支度を始める。
・宿題を頑張れば、寝るまでの間は自由にゲームをしてよい。
・満足するまでゲームをしたら入浴し、そして就寝。
・朝はギリギリまで寝かせておき、忘れ物がないよう、お母さんが学校の準備をする。

この生活をしばらく続けたところ、学校でのAくんの問題行動はかえってエスカレートしてしまい、家でもお母さんに暴言を吐いたり、暴れたりするようになってしまいました。

「とにかく宿題を終わらせること」を生活の真ん中に置いてしまったために、Aくんの夕食や寝る時間は流動的になってしまい、「からだの脳」と「おりこうさんの脳」「こころの脳」をつなぐセロトニン神経（59ページ参照）がうまく機能しなくなっていたのが原因でした。

## 子どもが劇的に落ち着く、たった二つの約束

困り果ててご相談に訪れたAくんのご家庭に、私たちは次の二つのお願いをしました。

①毎日、夜7時に夕食を食べ始めること

②夜9時には布団に入ること

この二つさえ守れば、残りの時間の過ごし方は、Aくんが自分で決めて生活してよい。宿題と入浴はしてもしなくても構わない、としたのです。大好きなゲームを禁じられることもなければ、宿題を強制されることもないので、Aくん自身もこの約束をすんなり受け入れることができました。

そして2か月後。Aくんの様子はすっかり変わりました。

夜9時に寝るためには、8時頃までにゲームをやめなければいけないと気づき、自分でゲーム機を親御さんに返すようになりました。宿題やお風呂、学校の支度は、やらない日もありましたが、親御さんはそのことについて一切口出しをしないようにしたそうです。するとそのうちにAくんは朝自分で起きられるようになり、登校前の10～20分で、みずから宿題に取り組むようになったと言います。

「学校での行動も落ち着き、家でも暴れたりすることはなくなりました」と、お母さんはうれしそうに報告してくれました。

小学生になっても、やはり重要なのは睡眠時間です。その残りの時間から生活に必要な時間を引き、最後に残った時間を勉強にあてることが、結果としてよい脳を育てると肝に銘じてください。

**「宿題を必ず終わらせること」を生活の軸に置くのは、子どもの脳に悪影響。一定の夕食と就寝時間を厳守すれば、自分から宿題をするようになる**

誤解!? 13

# 子どもは勉強をするのが仕事

生活を回すことが親の仕事。勉強をするのが子どもの仕事。家庭での役割分担を、そんなふうに考えてはいないでしょうか。

もっと言えば、子どもが勉強に集中できるように生活を回し、環境を整えることが親の役割であると、生活において「子どもの学習」を最上位に置いている家庭もよく見られます。この傾向は、特に高学歴の親御さんで顕著です。

家のことをすべて親が担えば、子どもの役割は「勉強だけ」になるので、その分早く寝られるかというと、そうではないことがほとんどです。「学習第一」が掲げられてしまっている家庭では、得てして子どもは「遅くまで勉強漬け」という毎日を送っています。

特に高学年になると塾に通うお子さんも増え、夜10時や11時まで勉強しているケースも多いのですが、遅くまで机の電気をつけて勉強することで交感神経が優位になり、そのあとすぐに布団に入っても、なかなか寝つけなくなってしまうのです。

子育て科学アクシスには、そうした生活習慣から自律神経に不調をきたし、頭痛や吐き気などを引き起こして相談に来るお子さんが、たくさんいらっしゃいます。

子どもの健康に明らかに支障をきたすほどであれば、すぐに塾などやめてほしいものですが、「今まで頑張ってきたのだから」と、そうもいかないご家庭も多いようです。であれば、塾がある日でもせめて夜9時には寝られるようなカリキュラムにしていただきたいと思います。

第1章で、脳育てによいペアレンティングとは、あくまで家庭での生活習慣やコミュニケーションにあるとお伝えしました。

というのも、家庭では、毎日同じメンバーで決まった行動が行われ、繰り返し言葉が交わされます。これが、子どもの「おりこうさんの脳」や「こころの脳」を育てる上で、大切な刺激になるのです。**親御さん自身の「発する言葉の内容」「子どもに見せる表情」「子どもとの遊び方」「物事の捉え方」などのすべてが、勉強よりもずっと大きい部分で、子どもの脳育てに影響すると心得てください。**

**どうせ勉強するなら、絶対に「朝」**

小学生の場合、一日24時間のうち、平日に学校で過ごす時間は、登下校を含めて9時間ほどです。そして、残りの15時間のうち、睡眠に9時間をあてることができれば、「からだの脳」育ちはバッチリです。

残りの6時間のうち、食事やお風呂など、生活に必要な行動で3時間ほど使ったら、あとに残るのは3時間くらいになります。友だち同士で放課後に外遊びをしたりするのも脳育てにとっては大切な刺激になると考えると、勉強にあてられるのはせいぜい1～2時間です。

それでは足りない、と不安に感じるでしょうか？　そこでぜひ、おすすめしたいのが、「朝勉」習慣です。

朝から夕方まで学校で勉強や学級活動をして過ごす子どもの脳は、夕方にはヘトヘトになっています。たくさんの人と関わることで前頭葉は疲弊し、夕食を食べたあとは、消化に多くのエネルギーが費やされます。

夕方から夜、そんな状態になっている脳に、家庭学習でさらに負荷をかけるくらいなら、一晩眠ってしっかり脳をリセットさせ、新しい刺激を受け入れられるようになっている朝に勉強するほうが、よほど効率よく内容を吸収することができます。

疲れ切った脳であれば1時間半かかる学習も、朝勉なら30分や1時間で済んでしまうことが多いものです。学校に行く時間までに終わらせないといけないので、親が口うるさく声をかけずとも、子ども自身が集中して終わらせようとします。夜のようにダラダラとやってしまうこともなく、いいことずくめです。

子どもに向かって「健康のためには早寝早起きが大切」と口にしながらも、「勉強だけは終わらせなさい」と、夜遅くまで寝られない生活を許す親のダブルスタンダードは、子どもを不安にさせます。

乳幼児期であれば夜8時、小学生になっても9時には寝る。親御さんとして、この極太の軸だけはブレないように意識してください。

**脳育てで大切なのは、一にも二にも家庭の生活。残りの時間で勉強をするなら、脳が疲れておらず、集中できる「朝」が断然おすすめ**

誤解!?

## 14 「お手伝い」で家庭生活を学ばせる

ここまで、子どもの脳を育てるのは家庭生活であり、勉強をしたければ生活時間を差し引いた残りの時間でやるのがよい、とお伝えしてきました。では、子どもの脳の刺激となる生活のあり方とは、どのようなものでしょうか。

私はよく、親御さんに「お子さんに、家の中で役割分担をさせていますか？」とたずねます。この質問から、ご家庭での生活のありようが見えてくるからです。すると大体、次のような答えが返ってきます。

「ときどきはゴミ出しを手伝ってもらっています」

「お風呂掃除を1回100円、洗濯物畳みを1回50円でやってもらっています」

なかには、お手伝いにポイント制を導入して、ポイントがたまったら欲しいものを買ってあげるという仕組みで子どものモチベーションを上げています、と得意げに話す親御さんまでいらっしゃいます。

**しかし、子どもが行う家事を親が「お手伝い」と捉え、「できるときに、やってもらう」「やったら対価を支払う」という姿勢でいる限り、子どもの脳を育てることはできません。**

大切なのは、あくまで役割分担です。お手伝いは「やってもらったら助かること」ですが、役割分担は「その人が与えられた役割を果たさなければ、その作業が永遠に行われないこと」を指します。

例えば、お米を炊くことを任されている子どもが炊飯器のスイッチを押すのを忘れてしまっていたら、その日の夕食は、問答無用でご飯ナシになります。お皿を洗う係の子どもが使い終わった食器をそのままにしていれば、次の食事で使える家族全員のお皿がなくなってしまいます。

このように、お手伝いと役割分担には決定的な違いがあるのです。子どもが「今日は疲れているから」「やる気がないから」と役割を放棄しようとしても、親が簡単に代わってやってはいけません。生活を回す上で役割分担をして協力し合うのは当然のことなので、ましてお礼として対価が発生するなどというのは、おかしな話です。なぜ、親がそこまで子どもにへりくだる必要があるのか、私からすれば疑問でしかありません。

## 役割分担で、強い「自己肯定感」が育つ

子ども自身が「与えられた役割を果たさなければ、家族みんなが困るのだ」ということを肌身で感じることで、生活を回すということを学びます。それは自己コントロール力、すなわち「こころの脳」を育てることにつながるのです。

さらに「気乗りしなかったけれど、自分に打ち勝って食器が洗えた」「家族に感謝された」という経験からは、確かな自己肯定感が育ちます。

子どもの自己肯定感と言うと、「かけっこで1位を取れた」「作文で表彰された」など、周囲に認められた経験によってこそ培われると考える人も多いかもしれません。しかし、そうして得た自己肯定感は相対的なもので、自分より優れた存在が現れた瞬間に瓦解してしまいかねません。

一方、家庭生活の役割分担を果たすなかでコツコツと積み上げることができた自己肯定感は、地味かもしれないけれど絶対的なものです。ちょっとやそっとのことでは崩れず、子どもを生涯支えてくれます。

**親御さんは、「あなたは家庭での役割をしっかり担ってくれているから、とても立派だよ」**

**と日頃から伝えてください。**家庭に欠かせない一員として子どもの存在を認めることで、もし学校生活でうまくいかないことがあっても居場所をなくすことなく、「自分は大丈夫だ」と安心できるよりどころになるはずです。

どうしてもお子さん自身が忙しかったり、体調がすぐれなかったりして、役割を果たせない日もあるでしょう。そんなときは、代わってくれた親やきょうだいに、きちんと「ごめんなさい」「ありがとう」を伝えるように教えるのです。

お互いに協力する気持ちや感謝のやり取りは、それぞれに役割が与えられているからこそ生じるものです。こうした人間関係を家庭生活で学ぶことが、子どもが将来、社会に出てからもうまくやっていくための土台になっていきます。

**お手伝いではなく、「役割分担」でこそ脳が育つ。ブレない自己肯定感や、社会における人間関係の土台などの生きる力にもつながる**

誤解!?
15
# 料理を作るのは親の役目

前項で、子どもには「お手伝い」ではなく、それが行われなければ家族が困る「役割」を分担させ、生活を回す一員として過ごしてもらうことが、脳や自己肯定感の育ちに有効であることをお伝えしました。

子どもが担う役割は、年齢に応じて、本人ができるものであれば何でもいいのですが、包丁や火を扱う危険を伴うこと、また失敗した場合のダメージが大きいことから、「料理だけは、任せるのが難しい」と考えている親御さんも多いのではないでしょうか。特に乳幼児期では、危ないからとキッチンの入り口にベビーフェンスを設置して、子どもが入ってこられないようにしているご家庭も多く見られます。

親の目から見て「安全・安心」なお風呂洗いやゴミ出しなどを主に任せ、料理では「玉ねぎの皮をむく」「お米をとぐ」など、比較的簡単な作業を部分的に切り出して行わせるだけ、というケースがほとんどのようです。

しかし、子育て科学アクシスでは2歳から積極的に子どもをキッチンに入れて、できることはどんどん参加させることを推奨しています。なぜなら、家事のなかで料理は特に、子どもの脳育てに役立つ要素が満載だからです。私の家庭でも、娘が2歳になった頃から子ども用の包丁を持たせ、日々の食事作りに参加させていました。


料理の工程に秘められている、脳育ての要素とはどのようなものでしょうか。

まず、きちんと食欲を感じ、今必要な食べ物は何か？を考えるのは「からだの脳」の役割です。それをからだに取り入れるために、どんなメニューや献立にすればいいか？を考えるときには、「おりこうさんの脳」が活性化します。

調理中、大きなケガにならない程度の身体経験をすることは「からだの脳」を刺激します。例えば、60℃くらいのお湯に触って「熱い」と手を引っ込めたり、氷をつかんで「冷たい」と手を離したりするのは、次から危険を察知し、自分で回避することにつながります。手先を器用に使って材料を切ったりすりおろしたり、食材の状態を見極めながら調理したりすることは「おりこうさんの脳」を育てます（刃物や火を扱う際は親がよく見てあげてください)。

さらに、みんなが、できたてのおいしいタイミングでご飯を食べられるようにするには、提供したい時間から逆算して、同時進行で何種類かのメニューの調理を進めていく段取り力が必要です。これらは「こころの脳」、つまり前頭葉の仕事です。

## 一連の流れで家事をしてこそ、脳が育つ

例えば卵焼きなら、「卵を割る」「かき混ぜる」「フライパンに流し込む」「フライ返しで裏返す」という調理をひと通り行うことで、子どもの「からだの脳」「おりこうさんの脳」「こころの脳」がつながり、脳全体が育っていきます。

卵を割るときの力加減や、こぼさないように混ぜるにはどのサイズの器が最適か、フライパンに流し込むときにどこを触ったらやけどしてしまうのか、など。小学生くらいまでは、まだ失敗することもありますが、それでも継続してやらせることで、中学生以降になると、驚くほど上手に卵焼きが作れるようになるのです。

必要な食材を自分で調達・準備し、食べられる状態に調理して摂取する能力は、「生き

る力」そのものです。部分的にしか関わらない「お手伝い」では得られない、生活を回すのに必要なエッセンスが、料理の一連の作業には詰まっています。

料理をやりたがる子どもを、「お米の水加減を間違えられて、ご飯がベチャベチャになったら嫌だ」「炒め物が焦げて、食べられなくなってしまったら困る」と、大人の都合で排除してはいませんか？　失敗も子どもの脳育てには欠かせないプロセスと心得て、親御さんも腹をくくることが大切です。

料理だけでなく、家事全般を効率的に行うための段取りができる脳を育てるためには、お手伝いではなく、一連の流れで担当させることが大切です。

こうして生活力を高めた子どもは、強い自己肯定感にも支えられ、早く自立したいと考えるようになります。そうなれば、脳育ては成功したも同然です。

**料理の工程には、脳育てに必要なあらゆる要素が詰まっている。失敗を先回りして未然に防ぐのではなく、一連の流れを通じて生活力を高めることが大切**

誤解!?

16

# 親が整理整頓し、家の中を整えておく

子どもが生まれると、大人だけだったときとは比べものにならないほど、家の中がものであふれていきます。季節ごとの洋服、絵本におもちゃ、スポーツ用具、園や学校の持ち物……。整理整頓や収納に日々悩まれている親御さんも少なくないと思います。

3〜4歳になると、幼稚園や保育園でもお片づけを教わるようになりますが、子どもは散らかすことの天才です。最近では「家が散らかっていると、集中力が低下する」という言説もあり、子どもにも片づけるように声かけだけはするものの、結局は親御さんが片づけているという話をよく耳にします。

しかし、「私がやったほうが早いから」と整理整頓や片づけを率先して行い、親御さんにしかわからない方法で収納してしまうことは、家庭の生活から子どもを除外することになるので、いつまで経っても「おりこうさんの脳」や「こころの脳」を育てることができません。

**そこでおすすめしたいのが、「わかりづらいことをわかりやすく」「見えにくいものを見えやすく」する、構造化の工夫です。**

例えば、きょうだいそれぞれのおもちゃ入れを用意する、毎日持っていくものを置く場所をリビングにつくる、食器を一人ずつ色分けしてセットにして食器棚にしまっておく。

そうすることで、「自分のおもちゃは元の場所にしまってね」「帰ってきたら持ち物は決まった場所に置いてね」と伝えたときに、きちんと自分で片づけられるようになるのです。

「うちの子は、口うるさく言っても全然片づけをしない」と嘆く親御さんがいますが、それは多くの場合、子どもが片づけしやすいような構造化ができていないことが原因です。

## 構造化＋工程の細分化＋伝え方で、片づけできる子になる

学習でも家事でも、大人はしばしば結果だけを見て「この子にはまだ早い」「この子は、これができない」と判断しがちです。しかし、あらゆる学習や作業は、工程が細かく分かれています。一つずつ確認していくと、実はその子がつまずいている工程はたった1か所だけ、という場合も多いのです。

例えば「リビングを片づける」という作業は、次の4つの工程に分けることができます。

①いるものと不要なものを区別する
②不要なものは、分別してゴミ箱に捨てる
③いるものを、家族ごとの持ち物に分ける
④それぞれの定位置にしまう

「散らかしすぎ！　さっさと片づけなさい！」の一言では、どこから手をつけたらいいかがわからない子どもでも、このように作業を細分化して親がサポートしてあげると、自分で片づけができるようになるのです。

第1章で、子どもの脳を育てるよいペアレンティングの一つに「親子がお互いを尊重して協力し合う体制をつくる」を挙げました。そのためには、「お互いに何をどうしてほしいか」が具体的に伝わるように、相手に話さなければいけません。

コツは、「意見」と「理由」をワンセットにすることです。一例として、アサーションという伝え方のスキルでは、こんな方法を使ったりします。

**「み：見たこと（客観的な事実・理由）」「かん：感じたこと（主観・意見）」「て：提案」**

**「どう：どう思いますか？と相手を尊重」の、「みかんてどう？」と覚えましょう。これに「タイトル（言いたい内容を簡潔に表して最初に伝える）」と「気遣いの言葉」をつけることで、人に物事を頼んだり断ったりするときの伝え方を、子どもは親から学ぶことができます。**

・タイトル：お願いがあるの
・気遣いの言葉：ゆうくん、楽しく遊んでいるところ、悪いんだけど
・み：テーブルの上に色鉛筆がたくさん出ているね
・かん：もうすぐご飯ができるんだけど、このままだとお皿が並べられないから
・て＋どう：今、片づけてもらえると助かるんだけど、どうかしら？

伝え方のスキルは、社会で他者と協働するためにも必要なものです。親子間であっても「意見」と「理由」をひとつながりにした文章で、丁寧に伝えるように心がけましょう。

**片づけも、工夫すれば子ども自身でできるようになる。相手が動きやすい伝え方を普段から心がければ、社会に出てから他者と協力して働けるようになる**

誤解!?

# ⑰ ゲームやスマホの時間は親が制限する

「帰ってきたら、ランドセルを放り出してゲーム、ゲームなんです」

「寝るとき以外、ずっとスマホをいじっていて手放さないんです」

そう悩みを口にする親御さんが、たくさんいらっしゃいます。「YouTubeは一日1時間まで」「スマホはリビングで充電して寝室に持ちこまない」など、ご家庭ごとにさまざまなルールがあるようですが、子どももあれこれと理由をつけて、それを攻略しようとしてきます。

「今日はテストを頑張ったから、特別にお願い」などと言われて、いつの間にかルールがなあなあになってしまう。または「ルールが守れないなら、没収です！」と強硬な手段をとって親子ゲンカになってしまう、という方もいるのではないでしょうか。

親がゲーム、スマホ、タブレットなどの電子機器の利用を制限するべきかどうか。

実態はどうあれ、こう聞かれて「その必要はない」と答える親御さんは、ほとんどいないと思います。しかしこれは、脳の発達段階によっては必ずしも正しいとは言えません。

子育て科学アクシスでは、家庭での生活こそが、子どもの脳育てに重要だと説いてきました。五感の刺激が「からだの脳」を育て、家事の役割分担が「おりこうさんの脳」「こころの脳」を発達させるのに役立つからです。

電子機器は強い光と音で脳を刺激するため、脳育てに必要な生活や外遊び、睡眠時間を奪う「子どもの時間泥棒」になってしまうことは事実です。かといって、一律に親が制限することは得策ではありません。年齢に応じて、次のように対処法を変えてみてください。

生きる力の土台となる「からだの脳」が発達する5歳までは、原始人を育てることが大切です。この時代は、周囲の環境から入る刺激を五感で感じ、本能で反応して生き延びる能力を育てます。好奇心が旺盛で、刺激が強いものが本能的に気になってしまうため、電子機器からの刺激には抗うことができません。

そのため、5歳までは電子機器はもちろん、テレビもなるべく避けることが望ましいです。特に食事中のテレビ視聴は、できればやめていただきたいと思います。コロコロと変わる強い光と音の刺激で脳が支配されてしまい、五感を働かせて食べられません。

したがって、5歳までは「できるだけ大人が電子機器を与えない」ことが正解です。

次に迎える6〜14歳の「おりこうさんの脳」時代は、好奇心に応じて知識・情報をため込む時期です。そのため、知識や情報収集の手段としてスマホなどの電子機器を使えるようになることはむしろ大切なことです。興味や知識欲は否定しないようにしましょう。

一方、インターネット上の2次元の刺激のみでは、脳育てには不十分です。そこで親としてはぜひ、子どもが興味を持ち始めたことに対して、できる限り「プラスアルファ」の刺激を与えましょう。例えば海の生き物に興味を持ったなら、実際に海で観察して触れさせてみる、電車に興味を持ったら一緒に旅行を計画して乗りに行き、発車メロディや駅弁のにおいに触れるなど、五感で感じる3次元の立体的な刺激で、脳を育てましょう。

10〜18歳は、自分で考え、判断し、コントロールする「こころの脳」が育つ時代です。前頭葉の発達が高まるこの時期に、大人が子どもの電子機器を無理やり取り上げたりするのは、百害あって一利なしと心得てください。

## 「こころの脳」時代には、子どもが自分で決める

かといって、子ども一人の力では、電子機器の利用をコントロールすることは難しいものです。そこで、例えば次のように親子で対話をして子ども自身に考えさせ、利用時間を決めてください。

親「睡眠はもっとも重要なので、夜9時に寝るのは絶対守りたい。寝る直前にスマホを見ると睡眠の質が落ちてしまうので、1時間前の8時までに使うのをやめたほうがいいね」

子「学校から帰ってくるのが4時だから、4時から8時まではスマホが使えるかな」

親「でも、宿題をしている間や、ご飯を食べているときにスマホを見るのはよくないよね」

子「じゃあ、宿題が終わってから、ご飯とお風呂のとき以外、8時まで使うことにする」

状況に応じて物事の是非を判断し、自分でコントロールすることが「こころの脳」時代にはいい訓練になります。まず子どもが決めたルールで運用し、うまくいかなければ、また親子で見直してみる。そのプロセスを面倒がらずに行うことが、親の大切な役目です。

**親が電子機器をコントロールすることは、幼いうちは有効。しかし「こころの脳」時代には、自分でルールを決めて運用させることが前頭葉の発達に不可欠**

誤解!? 18

# 欲しがるものは、なるべく買ってやる

お子さんが何か欲しいものを買ったり、お金がかかるような体験をしたいと言ってきたりするとき、皆さんのご家庭では、どのようなやり取りが行われているでしょうか。

「クラスの子がみんな、同じゲーム機を持っているから」

「友だちが、新しくできたダンス教室に通い始めたから」

そう言われて、「周りの子と同じような環境を用意してあげなければ、わが子がかわいそう」と、明確な軸も持たずにお金を出している親御さんが多いように見受けられます。

金銭的にゆとりがある家庭ほどこの傾向が強く、そういう親御さんに限って「教育にこれだけ投資したのだから、子どもにはいい大学、いい会社に入って高収入を得てほしい」とリターンを期待しがちです。これは私から見れば、子育てにおける「大きな歪み」に映ります。

「子どもにお金の苦労をさせたくない」という親の願いは世界共通のものでしょう。

しかし、そのために親がいいと思うもの、必要だと思うものを一方的に判断して子どもに与えるだけでは、将来、自分の力で生きていく上で欠かせない経済観念を育てられず、結局は苦労させる羽目になります。

「スイミングなんてもうやめたいんだけど、親に退会させてもらえない」

「親が行けと言うから塾に通っている」

などと言い放つ子どもがいます。彼ら彼女らは、その習い事や塾代に毎月いくらかかっていて、その額を稼ぐことがいかに大変か、理解できないまま育ってしまっている残念な状態なのです。


2020年度から小学校でも金融教育がスタートしましたが、子どもがお金の価値についてもっとも多く学ぶ場所は、あくまでも家庭です。78ページの「役割分担」の項でもお伝えしたように、もっとも小さな社会単位である家庭での生活から、子どもの脳は社会を成り立たせるために不可欠なルールや自己コントロール力を学んでいきます。

あらゆるものが簡単に手に入る今の時代に、親はどのようにして経済観念を育てていけばいいのでしょうか。

## 共感から徐々に「こころの脳」を育てる

例えばおもちゃ屋さんで、子どもがミニカーを欲しがったとします。3～5歳の幼児期は、まだ原始人の時代です。「これが欲しい！」という衝動に「からだの脳」が突き動かされてしまうため、ただ「同じようなのが家にたくさんあるでしょう」と諭すだけでは、理解することはできません。

駄々をこねられたとしても、頭ごなしに「ダメなものはダメ！」と叱ることはやめてください。理由もわからないまま欲求を拒絶されてしまうと、子どもの脳は自分の意思を表に出すのは無駄なことなのだと学習し、生きるエネルギーを枯渇させてしまいます。

この時代には、まず子どもの「欲しい」に共感してあげることが正解です。子どもの言葉をそのまま繰り返し、「そっか、このミニカーが欲しいんだね。○○ちゃんは車大好きだもんね」と言います。その上で「こういう理由があるから買ってほしい」と論拠をもって親に伝えさせ、それに対して親もロジカルに、要求をのめない理由を伝えるのです。

原始人のうちは、なかなか納得ができないかもしれません。それでも諦めたり面倒がったりせず、小さい頃から、このような対話を通して「衝動」と「周囲の状況」をつないで考えるクセをつけさせましょう。そうすることで前頭葉が鍛えられ、最終的に「こころの脳」が育っていきます。

親自身も「買ってやらなければ、店で子どもが暴れてしまうのではないか」「みんな買ってもらっているのに、かわいそう」などと心配する気持ちが先に立ってしまうことが多く、子どもの欲求に応じることが脳育てにどう影響するかまで、論理的に考えることができていないように見受けられます。子どもよりも先に、適切な経済観念を持たなければいけないのは、むしろ親のほうかもしれません。

**欲しいものには、まず共感を。その上で必要性をロジカルに話し合い、対話の中で「こころの脳」を育てるように意識する**

誤解!?

## 19 おこづかいの使い道は親がチェックする

脳育てを考えるとき、家庭での金銭教育の中でもう一つ重要になるのが「おこづかいの使い方」です。

東京大学社会科学研究所とベネッセ教育総合研究所が共同で行った「子どもの生活と学びに関する親子調査」(2017年)によれば、「金額を決めておこづかいを渡している」保護者の割合は、小学校低学年で14・4%、高学年で34・1%にとどまっています。残りはそもそもおこづかいを渡していない、もしくは渡す金額を決めていないそうです。

決まった額のおこづかい制を敷いていない家庭では、子どもから「何か欲しい」「あれが必要だ」と言われると、往々にして深く考えずにお金をあげています。あるいは「スーパーにおつかいに行ってきて」と千円札を3枚渡し、お駄賃としてお釣りをあげる、という形を取っていることもあります。

前項にも通じる話ですが、こうしたゆるゆるの経済観念は、子どもにもそのまま伝わってしまうようです。子どもが親の財布からお金を盗んだり、万引して補導されたりする金銭トラブルに悩み、私のもとへ相談に来るご家庭のほとんどが、おこづかい制にしていませんでした。いわゆる大人の引きこもりで、「親のすねがなくなるまで、かじるんだ」と平気で話す人もいます。私が「親御さんのすねがなくなったあと、どうするの？」とたずねると、黙り込んでしまうのですが。

一方、おこづかい制を敷いていたとしても、その使い道を親がいちいちチェックするようでは、子どもが自分の頭で考え、収入の範囲内で使い道を決定する力が身につきません。スマホなどの電子機器の使用ルール同様、決まった額のお金を渡して、その使い道を子ども自身で考えさせることもまた、「こころの脳」を育てるために大切な習慣です。

## 欲しいものを買うのに「お金が足りない」ときの対話法

ここで、小学3年生だった私の娘を、東京ディズニーシーに連れていったときのエピソードをご紹介します。

魅力的なグッズがずらりと並ぶショップで立ち止まり、娘は「ミッキーの耳つきのカチューシャが欲しい」と言いました。おそらく2300円くらいだったと思います。

私は「買いたければお金を貸すから、あとで返してくれる?」と言いました。その上で、「そのカチューシャは、どんなときに何回くらい使うのか」「借りたお金は、どのくらいかけて、毎月いくらずつ返すのか」と対話しながら、「本当に必要なものか?」を娘自身にじっくりと考えてもらったのです。

悩みに悩んだ末、娘は「買わない」という結論に至りました。当時、私が娘に渡していたおこづかいは毎月400円。そこから200円ずつ返済すると1年以上かかり、残りのおこづかいでは好きなマンガが買えなくなってしまう。そこまでして耳つきのカチューシャを買ったとしても、校則があるから学校にはつけていけない……。

このように論理的に考えて、私が口出しをすることなく、買わないという判断を「自分で」下すことができたのです。そこまで、2時間の時間がかかりましたが……。

自分の収入の範囲で生活費をやりくりする力は、毎月決まった額の「おこづかい」を与え、その使い道を自分で考えさせることによってしか、身につけることはできません。

こうした経験を子どものうちに積まなかったために、大人になってカード破産をしたり、会社の経理をごまかしたりする人になってしまったら、それこそ不幸です。

おこづかい制にしているにもかかわらず、子どもから「貯金が底を突いてしまって、欲しいものが買えない」などとお金をせがまれたら、すぐに財布の紐をゆるめるのではなく、「どうしても必要なのか」「親から借りるのか」「どうやって返していくのか」と対話する時間を持ってください。

**決して、「そんなつまらないものを買ってどうするの？」と使い道そのものを否定しないこと。**もし子どもから「あのプラモデルを買いたいから、半年分のおこづかいを貯めるんだ」という話をされたら、それは「こころの脳」がしっかり育っている証拠です。「あなたは社会に出ても立派にやっていけるよ」と認めてあげてください。

**将来、決まった収入額から生活費をやりくりできる大人になるために、「おこづかい制」は必須。使い道は子ども自身で考えさせ、親は口出しをしないこと**

誤解!?

## 20 ごほうびで甘やかしてはいけない

ここまで、子どもが何かを欲しがったときには、共感を示した上で買うことの是非をロジカルに説明すること。そして、お金は求められたら都度渡すのではなく、定額のおこづかい制にすることで脳が育つとお伝えしてきました。

では、子どもが何かをしてくれたときに「ごほうび」をあげるのは、子どもを甘やかすことになり、よくないでしょうか。

答えはNOです。ごほうびをあげることにロジックさえあれば、その行為はやはり、子どもにとって大きな学びになります。

例えば、スーパーからの帰り道、親御さんが荷物で両手いっぱいになっていたとします。そんなときに、お子さんが「持ってあげるよ」と買い物袋を代わりに持ってくれたら、皆さんはどう反応するでしょう。

「ありがとう！　おかあさん助かったわ。ごほうびをあげたくなっちゃった」とコンビニでアイスを買ってあげるのは、まったく問題ありません。なぜなら、誰かを助けてあげたことで感謝され、お礼をいただくということは、社会でも普通に行われていることだからです。

一点、気をつけなければならないのは、何か親切にしても見返りが得られないことも実際には多いので、それがごほうびを期待しての行動であってはいけないということです。

しかし「相手が自発的にした行動で、自分の心が動き、感謝の気持ちが生まれた。それを言葉だけではなく、モノでも伝えたい」というロジックが成立してさえいれば、ごほうびをあげるのは、甘やかすことにはなりません。

## 社会生活を円滑にする、家庭での言葉がけ

このアイスの例では、親御さんが真っ先に「ありがとう」と口にすることが、もう一つの大きなポイントです。というのも、家庭生活の中で「ありがとう」、そして「ごめんなさい」のやり取りができないまま育っている子どもは、社会に出てからもそれを言える大人になれないからです。

一方、私のところに相談に来るお子さんで、ささやかなことでも「ありがとう」と自分で折った折り紙を渡してくれたりすることがあります。そんな様子を見れば「ああ、この子の家庭では、ちゃんと『ありがとう』と『ごめんなさい』のやり取りがされているんだな」ということがわかり、安心できるものです。

子育て科学アクシスには発達障害がある子も多く来ますが、それですなわち社会生活が困難になるわけではありません。「ありがとう」と「ごめんなさい」が言えることは、人間関係を円滑にする上で大切なスキルになります。

もう一つ大事なのが、「おかげさまで」という言葉です。

毎日の生活では、掃除、洗濯、食事の用意に片づけ……と「やらなければいけないこと」が蓄積されていきます。それが家庭内でうまく分担できていればいいのですが、どうしても誰かに負担が偏って余裕がなくなると、「私ばかりが大変な思いをしている」という他責思考に陥りがちです。これでは、よいペアレンティングの一つである「お互いに楽しむ、ポジティブな家庭の雰囲気」をつくることは到底できません。

**思わずネガティブな言葉が口をついて出そうになっても、親御さんは意識して「おかげ**

**さまで」とポジティブに変換することを心がけてください。**

「パパが仕事を頑張っているから、おかげさまで週末はめいっぱい遊びにいけるね」「あなたが宿題をやっていないと先生から電話があったけれど、おかげさまで普段の学校の様子をたくさん聞くことができちゃった」

こうして「おかげさまで」を子どもの前で親が頻繁に口にすることで、ミラーニューロン（他者の行動を見て、自分も同じ行動をするように働く神経細胞）が働き、子どもにもその習慣が刷り込まれていきます。

逆に、物事をネガティブに捉えてばかりいる親御さんのもとでは、ネガティブな考えの子どもが育ってしまいます。子どもは、家庭における親の日々の姿から人間関係や物事の捉え方を学ぶということを忘れないでください。

**純粋な感謝からの「ごほうび」はOK。「ありがとう」「ごめんなさい」「おかげさまで」が言える親のもとで育った子どもは、社会に出てもうまくいく**

誤解!?

## 21 外出は子連れOKの店だけを利用する

第1章でも触れましたが、最近の日本では、子どもに対する周囲の目が厳しいことは事実です。特に5歳までは原始人のように育ててほしいのですが、実際には電車の中でじっとしていられないとにらまれてしまうし、公園遊びの声がうるさいと近隣の人から苦情を言われることも珍しくありません。

半面、社会のインフラは、数十年前と比べると、子育て家庭に優しくなってきているという印象です。男性トイレにもおむつを替える台が設置されるようになりましたし、子どもと外食するときの選択肢といえば、かつてはファミリーレストランやフードコートくらいでしたが、今は普通のラーメン屋さんでも子ども用の食器が用意されているなど、子連れOKの飲食店も増えてきました。

子どもフレンドリーなお店では、少しくらい子どもが騒いでも肩身が狭くなることなく過ごせるので、よく利用しているという家庭も多いかと思います。それ自体は決して悪いことではありません。

ただ、子連れＯＫだからといって、夜遅くまで居酒屋などに子どもを付き合わせるのは間違いです。欧米では、夜に予定がある場合は大人だけで出かけ、子どもは家でベビーシッターに預けます。大人の都合で、子どもの就寝時間を遅らせることはしません。

子どもの生活は大人に依存しています。何度も書いてきたように、とにかくきちんと毎晩同じ時間に寝かせ、子どもの生活リズムを保つことが子育ての基本です。

さらに昼夜問わず、子連れＯＫのお店で子どもを野放しにして知らんふりを決め込む親も増えているように思います。そんな親の姿からは、子どもは周囲に配慮することなく、傍若無人に振る舞うことを学んでしまうでしょう。

## 親の「ごめんなさい」「ありがとう」を子どもは見ている

子連れＯＫの店であろうとなかろうと、子どもが走り回って迷惑をかけてしまったら「ごめんなさい」、走った勢いで転んでしまい、助け起こしてもらったら「ありがとうございいます」。これを子どもの目の前で親が言ってみせることが大切だと考えます。**子どもは親が「ありがとう」「ごめんなさい」と言う姿をしっかりと見ているものです。**

また、子どもが周囲に迷惑をかけてしまったときに「しつけがなっていない親だと思われてしまった」とネガティブに考える親御さんも少なくありません。そのストレスの矛先を「あんたのせいで、私が恥ずかしい思いをした！」と子どもにぶつける人までいます。こうした親の態度から子どもが何を学ぶか……。もはや説明の必要はありませんね。

前項でもお伝えしたように、子どもが将来社会でうまくやっていくには、ネガティブに考えてしまいがちなことでも、親がポジティブに捉え直す姿を見せる習慣が大切です。外出先で「子どもが迷惑をかけてしまった」と感じたときは、次のように、「いいところ」に変換する練習をしてみてください。

《例》

走り回って騒がしい↓すごく楽しんでいる
イヤイヤとうるさい↓自己主張できている
食べ物を床にこぼした↓一人で食事する練習をしている

こんなふうに、（多少無理やりでも!?）物事をポジティブに認知する習慣のある親御さんのもとでは、多少つらいことがあっても前向きに切り替えられる、強い子どもが育ちます。親として謝るべきことは謝りつつ、お子さんのいいところはしっかり笑顔でほめてあげてください。

逆に、「それだけは絶対にやってはいけない」と子どもに伝える必要があるときは、子どもの目をしっかり見ながら、なるべく低い声でゆっくりと伝えるのが効果的です。

こうして、親が周囲や子どもとのやり取りをバリエーション豊かに見せることで、子どもの脳もそれを模倣して、コミュニケーション上手に育っていくのです。

**子連れOKの店だからといって、大人の都合優先で過ごすのは誤り。社会に対して「ごめんなさい」「ありがとう」を使い分ける姿を親が見せる**

誤解!?

## 22 様子がいつもと違ったら、理由をたずねる

ここまで、毎日の生活習慣において、親の姿から子どもの脳が学ぶことがいかに多いかをお伝えしてきました。同時に親御さんもまた、日頃からお子さんの様子をよく観察してほしいのです。

生まれたばかりのときは呼吸をしているかどうかすらも心配で、片時も目が離せなかったことと思います。また、体温計で測っても平熱なのに、いつもと違ってどうも機嫌が悪い。これは夜に発熱するかもしれない……と予感していたら、本当にその通りになったという経験をしたことがある方もいるでしょう。

小児科の診察でも、普段養育している親から報告される「子どもの機嫌」を重視しています。というのも、子どもが幼いうちは脳の機能や身体感覚が未発達なため、自分で身体の不調に気づくことが難しく、たとえ気づいたとしても、それを言葉で伝えることは難しいのです。いつもならはしゃぐような場面でおとなしくしている、大好きなハンバーグな

のに一口しか食べない……。こうした小さな異変に気づくことができるのは、毎日一緒に過ごしている親にしかない「モニター力」だからです。

ところが子どもが成長するにつれ、親は異変を感じると、それを子ども自身の言葉で伝えさせようとしがちです。

学校から帰宅したときの第一声が、いつもなら「おなかすいた！　今日のおやつ何？」なのに、今日は元気のない声で「ただいま」としか言わない。こちらから「おかえり、おやつ食べる？」と聞いても「いらない」と浮かない顔をしている……。

そんなとき、親としては「どうしたの？　学校で何か嫌なことでもあった？」と、つい根掘り葉掘り聞き出したくなるかもしれません。しかし、これは間違った接し方です。

周囲のできごとなどから脳がストレスを感じたときには、「気分」「身体の反応」「行動」「考え」の4つに反応が起きます。

これは、ストレスが起こったときの「ホルモン」と「自律神経」の変化によるものです。ホルモンと自律神経は、心拍や呼吸、筋肉の緊張や消化管の活動などを司っています。大人であれば、普段から自分の身体の状態をモニタリングできるため、身体の変化をみずから察知したり、ストレスの原因を分析したりすることが可能です。

しかし、自分の身体と周囲の状況を判断する「こころの脳」が育ちきる前の子どもには、そのような「自己モニター力」や、それを言葉で伝える力が備わっていません。

にもかかわらず、黙っている子どもに「口で言わなきゃ、わからないでしょう」と詰め寄れば、ますますストレスを与えることになってしまいます。

## 子ども自身に言わせるのではなく、親が言語化

子どもの様子が普段と違う――例えばイライラしているなと感じたら、「何があったの？」と直接的に聞くのではなく、「今日は早く寝ようか」と声をかけるにとどめてみてください。イライラしているという「気分」に影響が出ているということは、脳がストレスを受けている証拠です。睡眠が脳にとって何よりも大事だということは、ここまでお読みいただいた方であれば十分理解できると思います。

そして、もし次の朝にはいつも通りの機嫌に戻っていたら、次のように伝えるのです。

「昨日はやたらツンツンしていたけれど、ゆっくり寝たら今日はニコニコだね。やっぱり、

寝るのって大事だね」

こうして親がモニタリングした様子を言語化してあげることで、子どもは「なるほど、寝ないとイライラしてしまうんだな」と学ぶことができます。そして大人になってからも「今日は早く帰って寝なければ」と仕事を切り上げるなどして、自分で健康管理ができるようになるのです。

とにもかくにも、親が子どものストレスサインに気づけることが大前提です。子どもを家庭の役割分担から締め出し、夜遅くまで勉強だけさせておくような生活では、異変にすら気づけないということを付け加えておきます。

**子どもの様子に気づけるのは、普段モニタリングしている親ならでは。説明させようとせず、親が言語化することで自己モニターできるようになる**

# 第3章

# コミュニケーションへの誤解

ここまで、社会のもっとも小さな単位である
「家庭での生活」こそが、よくも悪くも
子どもの脳に大きな影響を与えることをお伝えしてきました。
家庭では、生活習慣はもちろん、コミュニケーションも
子どもの脳育てに重要な役割を果たします。
そこで本章では、親子間で生じがちなコミュニケーションの
誤解について解説していきます。

誤解!?
# 23 なんでもほめて育てる

子ども時代には、自己肯定感を高めることが大事。そのためには、親がどんなささいなことでもほめてやるのがよい——。そんな「ほめる子育て」は、今や日本の親御さんの間ですっかり市民権を得ています。

日本で「ほめる子育て」が流行し始めたのは、1990年代頃からだと言われています。バブルが崩壊し、社会全体がネガティブなムードに包まれるなか、さまざまな国際調査で、日本の子どもたちの自己肯定感が世界的に見て低いことが問題視されるようになりなりました。そこで欧米の親たちが子どもに行っているような「ほめる子育て」を取り入れよう、という動きが起こったのです。

以来、さまざまな「ほめる育児メソッド」が、書店にもネットにもあふれていますが、子育て科学アクシスでは、基本的に親が子どもをほめることを推奨していません。**なぜなら、ほめ言葉は〝子どもを縛る呪い〟にもなるからです。**「〇〇ならばよい」「〇〇だと悪い」という、評価の基準をつくってしまいます。

例えば、よかれと思って言いがちな「いい子にしてくれて助かる」という声かけ。これは不安が強めの性格傾向を持つ子どもにとっては、「親の前では常にいい子でいなくてはならない」というプレッシャーになってしまいます。

また、学校のテストの結果を見て「90点を取ってえらいね」と点数を基準にほめてしまうのもNGです。「90点以上を取らないとほめられないのではないか」と子ども側にも基準ができ、余計に不安を感じてしまう子もいます。

逆に70点しか取れなかったことを、「70点も取れたのね。頑張ったじゃない」などと無理にほめることも、「子どもはほめねばならない」信仰に囚われた、誤った関わり方です。

いずれにしても、「ほめる子育てこそが理想である」というのは誤解です。子どもは常にほめなければいけないわけではなく、ただ認めるだけでいいのです。ただし「家庭の軸」を守らなかった場合は、容赦なく叱るべきだと私は考えています。

## これだけは譲れないという「家庭の軸」を立てる

では「家庭の軸」とは何でしょう。私たち子育て科学アクシスでは、親がしっかり考えて「これだけは普遍的に絶対に譲れない」軸を2、3本だけ立てて、家庭生活を行ってくださいと言っています。そうなると、多くの場合「生きるか死ぬか」に関することに絞られていくはずです。「死んではいけないし、死なせてはいけない」というのは最たるものでしょう。

そうなると、例えば「ゲームを長時間やらない」というのは別に「家庭の軸」に抵触しないので叱る必要はありませんが、夜9時の就寝時刻を過ぎてもゲームをやるのは「命を削る行為」として絶対に許されないので、見つけたときには真剣に叱ります。ただし、このときに「ゲームなんかして」とは言いません。ただただ「うちの家では9時就寝〝だけ〟が大切である」と伝えるのみです。

かたや、子どもがどんなに部屋を片づけなくても、テストで繰り返し赤点を取ってきても、家族の命も本人の命も脅かされないので、叱る必要はないということになります。ただし、もし例えば家族共用の廊下にリコーダーを放りっぱなしにしていたら「お母さんが急いで廊下を走ったときに、間違ってリコーダーを踏んで転んで頭打って死んだら大変」

なので「共用の部分には危険な散らかしはしない」と叱ります。

「家庭の軸」を脅かすこと以外は叱らない、どんなに部屋を散らかしていても、学校のテストで悪い点を取っても口を出さないなんて、耐えられそうにない――と思われるかもしれません。**そんなときには「ただ認める」ことが有効です。**

「こんなに散らかして、よく平気だね」「よくもまあ、これだけ間違えたね」など、子どものありのままを認める言葉がけをすれば十分なのです。

できていないことについて叱られるのではなく、ありのままの自分を認めてもらうことこそが、「僕は（私は）親にだけはちゃんと理解されている」と、不安定な思春期の「心のよりどころ」になっていきます。

**ほめることが目的と化した子育ては逆効果。絶対守るべき軸に反したときは真剣に叱る。それ以外は、子どもの「ありのまま」を認めることが大事**

誤解!?

# 24 反抗期がない子は育てやすい

最近、反抗期を経験しない子どもが増えています。私は数年前から、大学のある授業で学生に「反抗期があった人?」と聞くのを恒例にしているのですが、手が挙がるのは毎年80~100人中、せいぜい4、5人程度しかいません。

そんなはずはない、と詳しく話を聞いてみても、彼らはキョトンとしています。

「別に、うちの親が言うことに腹立つこともなかったし」

「親の言う通りにしていれば、特に問題ないんで」

といった調子です。中には「反抗すると面倒くさいから」と答える学生もいます。

親に歯向わない子どもは、親からすれば「手がかからない、親孝行ないい子」に映るかもしれません。しかし脳育ての観点から言って、反抗期がないのは「危険信号」です。

一般的に反抗期は小学校高学年くらいの「前思春期」から始まります。この時期に子どもが攻撃的になるのは、脳で性ホルモンが大量に分泌され始め、それが扁桃体や海馬など、脳のさまざまな部位に影響を与えるためです。特に扁桃体は海馬のすぐ上、「からだの脳」に位置して情動を司っているので、ここが性ホルモンの刺激を受けることで、激しい感情が表に出てしまいます。

そのため、感情のコントロールに手を焼いているのは周囲の大人だけでなく、子ども自身も同様です。**性ホルモンのために脳が攻撃的になっていることが自分ではわからないため、本意ではない暴言や暴力が出てしまうことに、実は本人も苦しんでいます。**

このように、反抗期があるのはごく自然で正常な脳の発達過程なのですが、それを経験しないまま大人になる人が増えている。これは、なぜなのでしょうか。

一つには、親に自分の考えを伝えることを諦めているケースが挙げられます。例えば、誰しも「なんとなく、今日は学校を休みたい」という日があるものです。そんなとき、親が話を詳しく聞こうともせず「学校は行かなきゃいけないに決まっている」と抑えつけてしまえば、子どもは「この人に何を言っても無駄だ」と諦めることを学習してしまいます。もしくは、第2章の最後でお伝えしたような「親が子どもの様子を言語化してやること」を怠ってきたために、本来は反抗期に生じるべき「自分の考え」そのものがうまくまとめられず、アウトプットできないことが考えられます。

これでは、社会に出て他の人と協働することなどできるはずもありません。言い換えれば、「こころの脳」がうまく育たないうちに大人になってしまった状態です。子育て科学アクシスにも、反抗期がなく、そのまま引きこもりになってしまったと相談に来られる親御さんがいらっしゃいます。

## 「正論を伝えない」声かけで脳を育てる

では、思春期に入った子どもには、親としてどう関わるのがいいのでしょうか。おすすめしたいのは、お子さんに声をかける際に、無理に正論を伝えないことです。

反抗的な時期だからこそ、子どもが道を踏み外さないよう、正しいこと、善なることを教え聞かせるべきなのではないか、と感じる方が多いかもしれません。しかし、この時期に親が社会での通念や失敗しないための手立て、いわゆる「正論」を伝えてしまうと、子どもの「こころの脳」すなわち前頭葉の発達は阻害されるのです。「自分で考えて自分で言葉を出す」という刺激が少ないと、何を言っても「別に」「どうでもいい」しか答えられなくなります。

そこで、例えばお子さんが「A男のヤツ、マジでぶっ殺したい」などと暴言を吐いたときには、わざと「へえ、A男くんを殺すんだ〜」のように返してみてください。どうせ怒られるとばかり思っていた子どもはビックリ。その瞬間「こころの脳」がフル回転し、「本当に殺したらダメに決まってるじゃん」と冷静に指摘してきます。

「こころの脳」育てとは、「自分の頭で考えて判断し、行動できるようにすること」を指します。この方法を取ることで、思春期に入った子どもの前頭葉をフル活動させて、発達させることができます。正しさを追求し、正義感が強まる時期でもありますから、「自分なりの正論」をつくっていきます。これが将来の彼らの「人格」を形成していくのです。

**反抗期は脳の正常な発達過程。親は「正論をあえて伝えない」ことで脳に刺激を与え、「こころの脳」を育てる**

誤解!?
25
# 仲良し親子は理想の関係

前項で「反抗期がないのは危険」とお伝えしましたが、「反抗期がなかった」と振り返る学生のなかには「うちの家族、仲がいいんです」と言う人も少なくありません。ひと昔前であれば「マザコン息子」「ピーナッツ母娘」と揶揄《やゆ》されたような言動でも、令和の現代ではSNSなどで「今日はママとお買い物デートに行ったよ」などと当たり前のように共有されていますし、親のほうもまんざらではない風潮です。

しかし、こうした「仲良し親子」は得てして共依存関係で成り立っていることも多く、手放しで歓迎できるケースばかりではありません。

例えば、大学生のMさんが、休みの日に友人たちと新しい服を買いに出かけたときのこと。友人たちが「あなたには絶対このピンクの服が似合うよ」とすすめてくれたので、Mさんはそれをスマホで撮り、母親に送ります。すると「そんな派手な色は、Mらしくない。

あなたには紺色が似合うわ」と返事が返ってきたので、Mさんは最終的に母親のアドバイスに従って購入するものを決め、友人たちを驚かせたと言います。

ほかにも、毎朝母親が選んで並べてくれるバッグと服をそのまま着て大学に通っているという女子大生もいました。彼女は、友だちとの話の流れで「ほかの皆は自分で着るものを選んでいる」と知り、驚いて「私っておかしいですか」と相談に来たのです。

親子が仲良しなのはいいことですが、それは家族のメンバー全員が個人として尊重され、お互いに「信頼」できていることが大前提です。決して、子どもが「心配」だからと親があらゆることを助言してあげる、共依存であってはなりません。

ここでぜひこころに留めていただきたいのが「心配」と「信頼」というキーワードです。**私は今日まで、さまざまな講演や著書で「子育てとは『心配』を『信頼』に変える旅である」とお伝えしてきました。**

仲良し親子でよく見られる共依存関係は、「心配」を「信頼」に変えることがまだできていない状態だと言えます。どういうことか、次のページで詳しくご説明しましょう。

## 子育ては「信頼」を増やすプロセス

生まれたばかりの赤ちゃんは、何一つ自分のことができません。人間は他の動物と違い、自分で食料を取ることもままならないので、このときは「心配１００%」です。

しかし3歳くらいになると、大人が声をかければ頼んだものを取ってこれたり、自分で身支度ができるようになったりします。そこで親の「信頼」の割合が15%くらいに増え、その分「心配」は85%に減ります。

10歳頃には「心配」と「信頼」の割合はフィフティ・フィフティに。そして小学校高学年になると、学校で「お兄さん、お姉さん」として扱われるようになることも手伝って、「信頼」の割合が60〜70%になる――。このように、成人する18歳になるまでに「信頼１００%」にしていくプロセスが子育てである、というのが私の持論です。

ところが、いつまで経っても「心配」の割合を減らせない親が、非常に多いのです。例えば、50%くらいは信頼できるはずの小学校3年生になっても、自分が留守にするときに鍵を預けられなかったり、電車移動で切符を持たせることができなかったり。

親御さん曰く「鍵や切符をなくしてしまったら大変」とのことなのですが、そうやってお子さんを「親がいなければ生きていけない状態」にしてしまうほうが、よほど「大変」なことではないでしょうか。

わが子が何かに失敗したりつまずいたりしたらどうしようと、いくつになっても「心配」がつい先に立つのが親心かもしれません。**しかし、本当に子どものことを思うならば、そこをグッとこらえ、「信頼」の割合を徐々に増やすように意識しましょう。**

こうして、親御さんが子どもに対して「信頼」でき、子どもも「親は自分に全幅の信頼を寄せてくれている」とお互いに感じられるようになれば、それはよいペアレンティングの「親子がお互いを尊重して協力し合う体制」「親子が楽しめるポジティブな家庭の雰囲気」そのもの。仲良し親子、大いに結構だと思います。

**「この子には、親である私が必要」という仲良し親子は危険。成長につれて「心配」を「信頼」に変えていき、お互いに尊重できる関係性を築こう**

誤解!?

# 26 子どもが親の話を聞いてくれない

「頼んだもの、買ってきてくれた？」

「え？　何のこと」

「今朝言ったでしょ。牛乳がなくなりそうだから、帰りに買ってきてって」

「聞いてないし」

「お母さんは言いました。あんたが人の話をちゃんと聞いてないのが悪いのよ！」

　これは、家庭内でありがちなコミュニケーションの行き違いです。

「反抗期」の項でもお伝えしましたが、親が「正しくて、よい」声かけばかりをしていると、子どもの脳はそれを単調な刺激と捉え、次第にきちんと耳を貸さなくなってしまいます。

　右の例のように「うちの子ったらゲームに夢中で、親の話をろくに聞こうとしない」など嘆く親御さんも多いのですが、必ずしも子どもが親の話をないがしろにしていたり、わざと無視したりしているとは限りません。

実はこの場合、脳にインプットするやり方が間違っている可能性があります。**子どもに物事を伝えるには、「タイミング」も重要なのです。**


人間の脳は、五感を通じて新しい情報を受け入れ、それによって記憶や知識を構築します。しかし、動画を観ていたり、ゲームをしていたりなど、視覚・聴覚などから絶えず刺激が入ってきているとき、脳は「新情報入力拒否」の状態にあります。

このタイミングでは、どんなに親が「伝えたつもり」でも、子どもの脳には伝わりにくくなってしまうのです。また、情報のインプットが可能な状態でも、多くの情報を一度に与えられてしまうと、脳は処理しきれません。

このことを理解せず、親子が「言った、言わない」でお互いを責め合ってしまうと、第1章でご紹介した理想のペアレンティング「調和が取れたスムーズなコミュニケーション」からはかけ離れた状態になってしまいます。


子どもに大切なことを伝える際には、「シンプルにまとめて」「わかりやすい言葉で」「脳が受け入れやすい環境を整えて」伝えることが必要です。

そして、伝えた内容は必ず確認すること。これによって「言った、言わない」を防ぎ、子どもに理解されやすく、効果的に伝えることができます。


（動画や音楽、ゲームなど、五感からの他のインプットが少ないときを選んで）
①言いたいことを初めに伝える：「明日、忘れないでほしいことがあるの」
②動詞から始める：「学校から、真っすぐ家に帰ってきてほしいの」
③次に目的や理由を伝える：「おじいちゃんの病院にお見舞いに行くから」
④最後に、本当に伝わったかの確認をする：「さて問題です。3分前に、お母さんがあなたに伝えた、明日忘れてはいけない重大な用事は何でしょう？」

## 誤解のない言葉かけが、子どもの脳を育てる

「調和が取れたスムーズなコミュニケーション」とは、一方的でなく、お互いに誤解することが少ない言葉のやり取りのことです。

早寝早起き生活で、脳の土台となる「からだの脳」がしっかり育ったら、次に「おりこ

うさんの脳」が育ちます。ここで大切な役目を果たすのが、言語を使った家庭内でのスムーズなコミュニケーションです。

家庭生活の中で親から伝えられた言葉や文章は、子どもの「おりこうさんの脳」にそのまま知識として蓄積されていきます。ですから、子どもが幼いうちから、何かを伝えるときには的確に伝わるように、意識的に言葉を補いながら声をかけることが望ましいです。

例えば電車移動をするのであれば、「今日は山手線に乗ります」「乗る前に切符を買って、改札を通ります」「5つ先の駅まで行きます」のように、段取りをわかりやすく伝えてあげることで、子どもの脳には、知識と行動が連動して蓄積されていきます。

「今日はお出かけだからね」などとざっくり伝えてもわかるだろう――と手を抜くのではなく、家族だからこそ誤解のない、丁寧な言葉かけを意識してほしいと思います。

**子どもが親の話を聞いていないのは、伝え方に原因がある場合も。誤解のないコミュニケーションを意識して、子どもの「おりこうさんの脳」を育てよう**

誤解!?

27

# 親がなんでもやってあげて当然

私が夕方に最寄り駅近くでよく目にする光景で、最近気になっていることがあります。それは、駅前のロータリーの路肩にびっしりと縦列駐車された自家用車です。主に通学に電車を利用するわが子のお迎えのために「帰宅待ち」をしているのです。

少し離れたところには、公営の「20分無料駐車場」があるのですが、そちらは使われることなく、がら空きのまま。そんな光景を見ていると、ちょっとくらい面倒でも、ルールを守って車を停めましょうよ、子どもの前だけでも利己的な振る舞いはやめましょうよ、と思ってしまいます。

また子どもたちのほうも、迎えに来てくれた親に「ただいま」や「ありがとう」と伝えるでもなく、路上駐車が迷惑になっていることを気にするそぶりもなく、無表情で乗っていきます。彼ら子どもたちには、「親に送り迎えをしてもらっている」という謙虚な気持ちがあるのだろうか。これで社会性を持った大人になれるのだろうか――などと、人さまの子どもながら、とても心配になってしまうのです。

親子ともにこうした行動・態度が習慣化することは、家庭生活におけるコミュニケーションの観点からも、大いに歪んだものだと言わざるを得ません。

「親は、子どものためにできることをやってあげるのが当たり前」という環境で、まるで王様のように扱われて育った人は、果たして将来どうなるでしょうか。

社会に出れば、100％自分の希望に叶う職場や、うまの合う上司ばかりと巡り合えるわけではありません。むしろ、思い通りにならないことのほうが多いものです。そうしたときに、「周囲は自分のために尽くすのが当然」という考え方がインプットされてしまっている人は、あっという間に行き詰まるリスクを抱えています。


わが家の場合、私が仕事を早く切り上げて娘を迎えに行けば、娘は一言目に「ありがとうございます」と言うのが当たり前でした。もし、待ち合わせ時間に遅れてしまい、私を待たせるようなことがあれば、真っ先に「お待たせしました。申し訳ありません」です。

親子なのに大げさだと思われるでしょうか？　しかし、繰り返しになりますが「ありがとう」「ごめんなさい」「おかげさまで」という、社会生活を円滑に進める上で必須のコミュニケーションを育てる場は、家庭生活しかありません。人に手助けをしてもらったら言葉で感謝する。迷惑をかけてしまったら謝る。これは、社会の縮図です。

にもかかわらず、「子どものためにはなんでもやってあげるのが、親の役割だ」と考え、子どもからの「ありがとう」や「ごめんなさい」がなくても気にしない親は、子どもが「自分は大丈夫」と確信して社会に出る機会を奪っているのかもしれないのです。

逆に、親が子どもとの約束を忘れてしまう、仕事で都合がつかなくなってしまうなど、子どもに迷惑をかけてしまう場面もあるでしょう。**そんなときは、相手が子どもであってもきちんと「ごめんなさい」と言葉で謝ることが大切です。**

将来、わが子が「社会でうまくやっていけないかもしれない」と不安を高めて家に居続けるようなことがないようにしたいなら、ぜひ、しっかりと「ありがとう」「ごめんなさい」「おかげさまで」というコミュニケーションが交わされる家庭にしてください。

## 「残念な大人」が多い現代社会

子どもが社会での規範や経済観念などを身につける場は、知識として教わる学校よりも、「実体験」を伴う家庭が圧倒的です。そのため、大前提として親が適切な社会通念やルール、経済観念を身につけていなければ、これを子どもに正しく伝えるのは難しくなります。

最近、私が観劇に行ったときの話です。先に端の席についていた私の目の前を、あとから到着した人たちが次々と、膝やつま先に触れんばかりに横切って着席していったのですが、その際に「すみません」「失礼します」などと声をかけてくださる人は皆無でした。きちんとした身なりで観劇をするような大人ですら、まともなコミュニケーションが取れないことに、ショックを受けた出来事でした。

子どもに教える前に、私たち大人こそが、まず社会で必要なコミュニケーションを一からやり直すべきなのかもしれません。

「尽くしてもらって当然」という環境で育った子どもは、社会に出ることに不安を持つ可能性も。家族間であっても「ありがとう」「ごめんなさい」の徹底を

誤解!?

28

# 夫婦のうち、知識が多いほうが方針を決める

皆さんのご家庭では、お父さんとお母さんのどちらが主となって、子育ての方針を決めているでしょうか。

妊娠中から生まれたばかりのときは、どうしてもお母さんのほうが先に子育ての知識を多く身につけることが多いです。ミルクはどのくらい、どのようなペースであげればよいか。離乳食はどんなものを順番に与えていったらいいか……。

その延長で、保育園や幼稚園はどこに通うか、習い事は何をさせようかなどの差配をするうち、自然と「子どもの教育方針は母親が決めています」というご家庭は少なくありません。また、特に高学歴親の場合は、より学歴や社会的地位が高い親のほうが子どもの進路を決めているという話もよく聞きます。

親のどちらか一方が子育てにおける決定権を持っているケースでは、もう一方の親は「自分の考えは、まず聞き入れてもらえない」「相手のほうが情報も知識も豊富に持っている

から、任せておけばいい」というスタンスになりがちです。

ちなみに今、本書を手に取っていただいているあなたはお母さんでしょうか、それともお父さんでしょうか。きっと、ご自身の子育てをよりよいものにしたい、子どもに間違った関わり方をしていれば直したいとの思いを持たれているのではないかと思います。

ここまで、脳には育つ順番があり、生活習慣が何よりも大事だということ、家庭生活での家事やコミュニケーションで、子どもの脳がよく育つことなどをお伝えしてきました。

今日からでも取り入れていただきたい内容ばかりなのですが、これらを実践することは、家庭生活を丸ごと、子どもの脳育てによいものへとシフトすることを意味します。**そのためには、どちらか一方の親が頑張ればいいのではなく、夫婦、そして家族全員が協力することが不可欠です。**

いくらあなたが「睡眠第一の生活をしましょう。家庭生活の中で役割を持ちましょう」と子どもに働きかけても、それを知らないパートナーが「宿題が終わっていないのに、寝るなんてあり得ない」「勉強するのが子どもの仕事だ」などと言ってしまえば、その矛盾した関わりに、子どもの脳はたちまちストレスを受けてしまいます。

子育て科学アクシスでも、両親ともにペアレンティングに取り組んでいただくようにお願いしています。夫婦で意識をそろえなければ、子どもの脳育てにはかえって逆効果になり得るということも、ぜひ留意していただきたいと思います。

## 夫婦の会話にも「朝時間」が有効

よいペアレンティングは、夫婦で一緒に行うことが大切――。そうは言っても、とにかく忙しい現代の子育て世帯では、ゆっくり夫婦で会話する時間を取ること自体が難しいと感じる人も多いかもしれません。

朝、出勤直前でバタバタしているとき、あるいは仕事から帰ってきて疲れている夜に「子どものことで相談があるんだけど」と持ちかけても、相手はこころここにあらず。まともに話を聞いてくれないと嘆く、特にお母さんの声をよく耳にします。

しかし、これも128ページで解説したのと同様、相手の脳に伝える「タイミング」が適切でない可能性が考えられます。

朝の余裕がない時間に言われれば、頭では大事なことだとわかっていても「今はそれどころじゃない」とイライラしてしまうのは当然です。夜は夜で、一日フル稼働した脳は疲れきっています。セロトニンが減少してネガティブ思考に陥りやすい時間帯でもあるので、建設的な会話をすることが難しいのです。

夫婦で会話をするなら、朝と夜のどちらがいいか。私は、自分自身の経験から照らし合わせても、断然朝がいいと考えます。なぜなら、しっかり眠ることで人間の脳は整理整頓され、朝にはポジティブな気分を司るセロトニンが、たっぷり分泌されるからです。

よい睡眠習慣は、脳が育っている最中の子どもだけでなく、大人にも有効です。ぜひ、パートナーにも十分な睡眠を取り、時間に余裕を持って身支度をするよう、生活の改善を促しましょう。朝ご飯を食べている15分でも20分でもいいので、そこで会話の時間を持つようにすれば、夫婦のコミュニケーションはもっとスムーズになるはずです。

**いくら正しい子育て知識があっても、家庭内でブレてしまっては逆効果。夫婦のコミュニケーションを増やし、そろってよいペアレンティングを実践しよう**

誤解!?
29
# 夫婦間で意見が異なったら子どもを巻き込む

前項で、よいペアレンティングは家庭全体で取り組むのが理想であること、そのためにしっかりと夫婦の会話時間を取るのが大切だとお伝えしました。

しかし夫婦といえども別の人格ですから、子育て方針に限らず、すべての考えを一致させることは難しいでしょう。どんなに「こうしたいと思う」と伝えても、パートナーになかなか理解してもらえない、ということもあると思います。

そんなとき「お父さんはわからず屋だよね」「お母さんの言うことが正しいんだからね」などと、子どもを自分の味方につけるがごとく、もう片方の親の悪口を吹き込む親御さんがいます。これだけは、絶対にやめてください。

**面と向かって一方の親を否定された子どもには、「不安」が植えつけられます。**この不安は、長期化することで「おりこうさんの脳」にストレスを与え、やがてネガティブな考え方が子どもに染みついてしまいます。

脳が常に緊張・興奮し続けてしまい、元気ホルモンと呼ばれるコルチゾールも不足して、心身にさまざまな不調を引き起こします。

**さらに、片方の親の悪口を吹き込まれて育った子どもは、思春期以降、その親を攻撃するようにもなります。**その結果、親子関係がこじれて一家離散にまでなってしまったケースを、私はこれまで数えきれないほど見てきました。

コミュニティの中でメンバーの意見が合わないことがあるというのも、社会における重要な学びの一つです。にもかかわらず「意見が異なる人は、糾弾・排除してよい」という考えのもとで育てば、子どもが社会でうまくやっていけなくなることは明らかです。

もし、夫婦で方針が一致しないときは、子どもには次のように伝えてみてください。

「ああやって勉強しろしろと言うけれど、それはお父さんなりの考えがあるからなんだよ。あなたのことを大切に思っているからこそなんだよ」

こうして、子どもとの会話の中で、パートナーをしっかり認めてあげることが大切です。それによって、人それぞれの考え方があること、それをすり合わせながら社会を運営する必要があることを、子どもは学んでいきます。

## まずは親御さん自身がストレスを軽減しよう

親御さん自身が心のゆとりをなくしてしまうと、前頭葉にネガティブな思考が停滞しがちになります。「〇〇のせいで」「どうせ〇〇だから」などが、その代表例です。

イライラ、ストレスがたまるのは人間として当たり前のことです。でも、それをパートナーのせい、とするのはなるべく避けましょう。

例えば、お父さんが出張などで家を留守にしがちなとき。「パパがいたら、これ手伝ってもらえるのにねえ、いなくて残念だね」と伝えるのと、「本当にうちのパパって役立たず」と吐き捨てるのとでは、どちらのほうが子どもの脳育てに最適か――。

子どもには、「家庭は最小の社会単位」ということを認識させたいものです。むやみやたらにパートナーをこき下ろす悪口は、誰も聞きたくないですよね。

子育て科学アクシスでは、親御さん自身がストレスを感じたら、まずは言葉にすることを勧めています。次にストレスを軽減する方法を実行してリラックスできたら、そのまま子どもに伝えることで、子ども自身に「人間は生きているとストレスがかかる。でも早めに解消すればまた元気に生きていけるんだ」という考え方を育ませることができます。

好きな音楽を聴く、一人でカフェに出かけてお茶をする、アロマをたきながらストレッチをする……など、ささやかなことでもよいので、自分が「リラックスできる」と感じるストレス解消法をなるべくたくさんストックして早めに実行し、笑顔を復活させましょう。そうすれば、「パートナーを認める言葉」もたくさん出せるようになります。

そして、本当に出口が見えないつらさがたまってしまったら一人で抱え込まないこと。利害関係のあるパートナーや友人に相談するのが必ずしも解決につながるとは限りません。できれば信頼できる他人の専門家を探してください。

孤独に頑張るよりも、必要なときに他人を頼れる親の姿から、子ども自身も社会で生きる上で必要なレジリエンス（35ページ参照）を学んでいくはずです。

**子どもとの会話の中で、パートナーを認めることが大事。親自身、ストレスを早めに自覚して軽減する手段をたくさん持ち、子どもに伝えよう**

誤解!?

# 30 子どもの前では完璧な姿を見せる

子どもの脳は、よくも悪くも親の言動から大きく影響を受けます。だからこそ、家族同士でも「ありがとう」「ごめんなさい」というコミュニケーションを欠かさないこと。そして親自身が他責思考に陥ることなく、「おかげさまで」の気持ちを持って物事を常にポジティブに捉える姿勢を、積極的に子どもに示す必要があります。

ところが、「親は模範的であるべき」という意識が強すぎるせいか、何かにつけ、子どもに自身の武勇伝を語りたがる親御さんがいます。

「お母さんは学校のテストで、80点以下なんて取ったことなかったわよ」

「お父さんは毎日サッカーの自主練を頑張って、レギュラーを勝ち取ったんだ」

子どもを叱咤激励しているつもりなのでしょうが、これはむしろ、子どもの脳育てにとってマイナスにしかなりません。

**なぜなら、親からの「能力や努力の誇示」は、子どものやる気を削いでしまうからです。**

一度「自分の親は完璧だから、どうせ超えることなどできない」と感じてしまうと、子どもは早々に、自分には成長の余地がないと諦めてしまいます。その結果、自己肯定感も下がってしまうのです。

また、親から発破をかけられ、子ども自身も最初はやる気に満ちていても、のちのち心身に不調をきたすケースもあります。

あるお母さんは、高学歴で高収入、おまけに美人で料理もすべてこだわりの手作り、という完璧主義。ところが、そのもとで育てられ、成績優秀で運動神経も抜群だと期待された女の子は、10歳にして摂食障害を引き起こしてしまいました。

彼女は「私も、ママみたいになりたい」と食事制限を頑張るあまり、いつの間にか「ママみたいにならなければ」という強迫観念に囚われるようになっていたのです。

「食は、親が示せる愛情表現の一つ」という考えは今なお根強いようですが、親御さんが完璧な食にこだわりすぎるあまり、お子さんが摂食障害になってしまったケースも、私はこれまでたくさん見てきています。

かように完璧で立派な親の姿は、リスクになることも十分あるのです。

## 親の「やらかし談」が、子どもをポジティブにする

子どものモチベーションを下げず、自己肯定感を保ち続けられるようにするには、どうすればいいか。私がおすすめしているのは、親御さんの成功体験ではなく、「失敗談」を率先して話すことです。

今は完璧のように見えても、自分と同じ年の頃はダメダメだったことを面白おかしく伝えることで、子どもは「自分にも、まだ伸びしろがあるんだ」とポジティブな考え方（認知）を身につけることができるからです。

どんなにハイスペックな親御さんでも、過ちを犯したり、ピンチに陥ったりした経験が一つや二つはあるはずです。

「実は大学で卒業に必要な単位を取り忘れていて、追試を受けてギリギリ留年をまぬがれたんだ。危なかったよ～」

など。実話であればベストですが、多少誇張したって構いません。私の場合、子ども時代にしょっちゅう忘れ物をしていたので、娘が同じく忘れ物をしたときには「お母さんもそうだったよ。きっと遺伝したんだねぇ（笑）」と話していました。

このように、過去に失敗したエピソードを明るく振り返ることができている親の姿を見て、子どもは「多少やらかしても、人生何とかなるんだな」と学びます。それが、ちょっとのことでは動じない、強い「こころの脳」を育てることにもなるのです。

子どもはまだ未熟で、成長の途上です。親のように輝かしい成果を残したり、そのために努力を継続したりすることが難しいのは当然と言えます。

「お前も、私たちのように優秀になりなさい」などと強いプレッシャーをかけて成長の芽を摘んでしまうのではなく、「こんな失敗をしても大丈夫だよ」と笑って話すことで、よいペアレンティングの条件である「親子が楽しめるポジティブな家庭の雰囲気」づくりを、ぜひ心がけてください。

**完璧すぎる大人の姿を見せつけることは、子育てのリスクになり得る。失敗談を笑って話すことで、子どもに安心感を与え、自身の成長余地を感じさせよう**

誤解!? 31

# 親子の愛着は、過ごした時間の長さで決まる

かつて子育てにおいて根強く支持されていた考えに、「3歳児神話」があります。「3歳までは、子どもは母親が子育てに専念することで、親子の愛着が形成される」というものです。

3歳児神話は1960年代頃から日本の育児書の中で言われ始め、今の子育て世代の祖母、親世代の間で急速に広まりました。自分の親などから「3歳までは、お母さんが家で育てなくては」と言われた経験のある親御さんもいるのではないかと思います。

今の子育て世代の間では死語になりつつありますが、それでも呪いをかけられたかのように「もっと一緒に過ごしてあげるべきだろうか」「家事や仕事でかまってやれない自分は、親失格なのではないか」などと自責の念にかられている人も少なくありません。

そうした思い込みは、今日から手放してください。

**というのも、親子の愛着とは時間の長さではなく、「不安のない親が、不安のない子どもと接すること」によって育まれます。**

いくら家で一緒に遊んだり、絵本を読んであげたりしていても、家事や育児でストレスを抱え、ネガティブ思考になっている親のもとでは、健全な愛着が形成されません。

また、日本では子どもが乳幼児の間は「添い寝」をする家庭が多く、それによって親子の愛着が生まれるとする考え方もあります。

しかし、「早く寝てくれないだろうか」「やり残した家事を片づけたいのに」とイライラしながら寝かしつけをすれば、子どもはそれを敏感に察知します。「お母さんは、今にも自分を置いて、どこかに行ってしまうのではないか」と不安を感じます。

また、添い寝をすることによって、寝返りが打てなかったり、お互いにぶつかったりして脳が覚醒してしまい、親子ともに睡眠の質が落ちてしまいます。その観点からも、添い寝は必ずしも「いいこと」ではないのです。

欧米では、乳幼児のうちから夜は親子が別室で過ごす家庭が多いですが、それによって親子の愛着が形成されない、ということはありません。

## 短時間でも脳が刺激される「じゃれつき遊び」

では、限られた時間の中でも子どもの脳がしっかり育つ親子の過ごし方とは、どのようなものでしょうか。まず、何度も言うように「からだの脳」をつくる生活習慣は絶対です。さらに、家庭生活での言葉かけやコミュニケーションが、「おりこうさんの脳」や「こころの脳」を育てるのに大切であることもお伝えしてきました。

プラスアルファとして、ここでは子どもの前頭葉を育てる「じゃれつき遊び」をご紹介します。

「子どもがすぐカッとなる」と悩んでいる親御さんがいらっしゃいます。衝動を抑えられず、すぐ手が出てしまったり、暴言が収まらなかったりするケースです。これは「こころの脳」の我慢する力、つまり前頭葉が育っていないことが原因です。

前頭葉の大切な役割に、「抑制機能」があります。これは、脳から入ってきた刺激に対して即座に（原始的に）反応するのではなく、周囲の状況と照らし合わせながら情報を判断し、抑制した上で適切な考えや反応を表に出していくというものです。この前頭葉の「我慢力」こそが、人間らしい社会の秩序や調和を保つ上で重要な役割を果たします。

この前頭葉の抑制機能を、短時間で高められるのが「じゃれつき遊び」です。やり方は簡単。くすぐり合いやレスリングごっこ、おしくらまんじゅうなど、からだを触れ合わせ、ルールもなく、自発的で自由な手足の動きが誘発されるものであれば何でもOKです。大好きなパパママやきょうだい、友だちとじゃれ合うことで子どもは興奮し、ランダムな刺激で前頭葉が活性化します。

特に「おりこうさんの脳」が育ってきて手足の運動ができるようになる3歳くらいから9歳くらいまでは、じゃれつき遊びをすることが10歳以降の「こころの脳」の育ちに有効です。落ち着きがない子どもには、毎日5分間でもじゃれ合って遊ぶことのほうが、なだめすかしたり叱ったりするよりも、よほどいいのです。やがて、親がうるさく言わずとも、自律的に行動する子どもに育っていきます。

**過ごす時間の長さより、「不安がないこと」が大切。限られた時間でもよいペアレンティングを心がけ、さらにじゃれ合うことで子どもの脳が育つ**

誤解!?

## 32 子どものために自己犠牲はいとわない

わが子のために尽くしたいと考えるのは、親の性《さが》なのでしょうか。朝は早起きして食事作りや掃除・洗濯に勤しみ、夜、子どもが寝静まったあとも残りの家事や仕事をこなす――。このように、身を削って頑張っている方が多くいらっしゃいます。

**しかし、私は声を大にして言いたいのです。親御さんこそしっかり寝てください、と。**

私の母も、自分を犠牲にして働きづめ、とにかく寝ない人でした。父が開業した医院を手伝い、家事を終えて私を寝かせたあとも、レセプト（診療報酬明細書）の処理などで月に何日かは徹夜するような生活でした。

もともとの気質もあったと思いますが、母はいつもイライラし、忘れ物ばかりで小学校にもあまりなじめなかった私に、きつく当たりました。それでも大好きな母に認められたい一心で勉強を頑張って成績を上げても、ついぞほめられることはありませんでした。

もともと私は幼少期から自律神経の働きが悪く、温泉に行くと失神する、車酔いは桁違いに重い、という子どもでした。それが中学生頃になると、おそらく親子関係のストレスも相まってさらに悪化。毎朝駅までの道では吐き気を催してうずくまり、部活後の帰宅の電車では失神しそうになり何度も途中下車しながら、ようやく家にたどり着くありさまでした。いわゆる「起立性低血圧」の症状ですね（ちなみに私は今も自律神経の働きは悪いですが、これらの症状はほぼなくなっています。生活改善で本当に心身の状態は変わります）。

一方母は、長年の無理がたたり、私が高校1年生のとき大病に倒れました。そこからは家事や母の看護をしながらの学生生活が続きました。今で言うヤングケアラーです。そのときに感じたことは、今私が親御さんにかける言葉のもとになっています。

「どんな親でも、元気で生きていてくれることがいちばん子どもにとってありがたい。笑顔でいてくれるなら、さらに幸せになる」

母が、私に早寝早起きの習慣をつけさせてくれたことには唯一感謝しています。ですが、母自身がもっと自分を大切にして、しっかり寝てくれていたら……と今も思えてなりません。

私のところに来られる親御さんにも、「子ども第一」になりすぎるあまり、50歳前後から急に体調を崩す方が多く見られます。異変に気づくのが遅れ、なかには若くして亡くなってしまうケースも経験しました。

## 親が眠れば、子どもも変わる

２０１９年のＯＥＣＤ調査では、日本人の平均睡眠時間は7時間22分。調査対象の30か国平均である8時間23分より1時間も短い、最下位という結果でした。また、総務省「社会生活基本調査」（２０１６年）によれば、日本人女性の睡眠時間は10年間にわたって男性よりも短く、世界最短と言えます。

お子さんが問題を抱えていると悩み、相談に来られる方に「親御さん、ちゃんと寝てる？」と聞くと、たいてい「毎日やることがたくさんあって、夜中の1時くらいになってしまう」という答えが返ってきます。しかし、子どもや家庭のためにと、あれこれ手を尽くすばかりに寝不足になると、親御さんの脳に悪影響が及びます。ささいなことが気になり、子どもに過干渉になったり、自分を必要以上に責めたりします。不安が強くなり、そのせいでまた寝不足になる――という負の循環に陥ります。

その矛先は、子どもに向くことになります。「親の私がこれだけ頑張っているんだから」と子どもに過度な期待を寄せ、思い通りにならなければ厳しく当たる親御さんが多くいらっしゃるのです。そんな自己犠牲など、子どもにとっては百害あって一利なし。今すぐやめてほしいと思います。

最近、私のところを訪れたお母さんが、「先生のアドバイスに従って寝るようにしたら、急に物事が明るく見えるようになってきた」と話してくれました。

親がしっかり睡眠時間を確保し、自己肯定感が上がってポジティブになれば、子どもの認知も前向きに変わります。それによって家庭の雰囲気がよくなり、ますます子どもの脳育てによい環境をつくることができるのです。

**親がよく寝てこそ、脳育てによい「ポジティブな家庭の雰囲気」がつくられる。誰のためにもならない自己犠牲は、今すぐやめよう**

誤解!?
33
# 母親は常に機嫌よくいるべき

親が自己犠牲を手放し、しっかりと眠ることが、子どもの脳育てによい家庭環境をつくる、と前項でお話ししました。

特に母親は、昔から「家庭の太陽」などと言われたりします。しかし、真面目なお母さんほど、それがまたプレッシャーとなり、「しんどいことがあっても、私は子どもの前で、常に笑顔でいなければ」と頑張りすぎてしまう場合があります。

また、お父さんから「あなたの機嫌が悪いと、家の雰囲気が暗くなるんだよ」などとお母さんに伝えてはいないでしょうか?

親御さんが明るくポジティブでいることは大切なのですが、それ自体が目的化してしまっては本末転倒です。

「家庭の太陽」という言葉には、二つの意味が込められていると私は考えています。

一つは多くの皆さんが考えているように、家族を笑顔で明るく照らすということ。もう一つは、太陽に照らされた地球が大体一定の温度を保てているように、親御さんが子どもに与える環境が、安定して一定であることです。

実は、この後者が子どもの脳育てには重要です。ただ、それは「いつも機嫌よくいるべき」という意味ではありません。**太陽のように安定した家庭環境を提供するには、やはり親御さんの状態が不安定ではなく、健康であることが第一だということです。**

親だって人間ですから、いつ何時もニコニコしていられるわけではありません。他人の喜怒哀楽も、家庭生活での重要な学びです。社会に出てからも、同僚や上司が急に機嫌を悪くするといった理不尽なことは、いくらでも起こり得るわけですから。

そんなとき子どもが「お母さん、それって八つ当たりじゃないの？」ときちんと指摘でき、「そうだね、ごめん」と素直に謝る関係性を築けることが、真に大切なことなのです。

## 笑顔の習慣で、脳にいい「幸せホルモン」を出そう

このように、親御さんがいつも能面のように貼りついた笑顔でいる必要はないのですが、それでもなるべく笑顔を心がけることには、いい面がたくさんあります。

アメリカ人は、幼い頃から常に「笑顔のトレーニング」をしています。電車やエレベーターなどで知らない人と居合わせたときには、すぐに笑顔を見せます。それが、多様な人種が同じ国で共存するなかで、言葉や文化を超えてお互いが信頼し合える、もっとも基本的で原始的なコミュニケーションの手段だからです。

周りの大人が常に笑顔でポジティブに働きかけることで、子どもの脳でもミラーニューロンが作用し、前頭葉がポジティブに反応しやすくなります。

そこで親御さんはぜひ、毎日鏡の前でじっと自分を見つめ、笑いかけてみてください。自分では笑っているつもりでも、意外にもそれが相手には「笑顔」と映っていない可能性もあります。人間の顔には、さまざまな表情筋が存在しています。これらの筋肉の動きを意識することで、子どもにもポジティブさが伝わる笑顔を練習しましょう。

また、幸せホルモンのセロトニンを分泌するセロトニン神経は、ものを嚙むときに用いる咀嚼筋群をコントロールしています。

ストレスが蓄積されると、この咀嚼筋群がこわばり、顎関節の動きが悪くなるため、口を開けるときに音がしたり、激しい痛みを感じたりするようになります。これが「顎関節症」と呼ばれる疾患です。思うように食事が摂れなくなることで、ますます心身の不調が悪化してしまいます。

一日数分でよいので、顎の周りから表情筋全体をしっかりとほぐすマッサージの習慣を取り入れましょう。セロトニン神経が安定して幸福感が高まることで、ますます家庭に笑顔が増えることにつながるはずです。

無理に機嫌よくいるよりも、健康で安定した気分でいることが大事。また表情筋を鍛えることでセロトニン神経が活性化され、家庭がポジティブな雰囲気に

第4章

# 「子どもと社会」への誤解

子育てにおいては、「からだの脳」「おりこうさんの脳」「こころの脳」のすべてを順番に育てる家庭生活が何よりも重要な役目を果たします。

その一方で、子どもが成長するにつれ、保育園や幼稚園、学校と、家庭の外の社会との関わりも増えていきます。

本章では、社会との関わりにまつわる子育ての誤解について語っていきます。

誤解!? 34

# 幼いうちから保育園に預けるのはかわいそう

子育てをする家庭のうち、共働きの割合は年々増え、2022年には6割を超えています。お母さんだけでなくお父さんが育休を取得するケースも増えつつあり、早期に子どもを保育園に入れ、職場復帰をする人も珍しくなくなりました。

こうして、女性もだいぶ社会参画しやすくなってきたにもかかわらず、いまだに「そんなに小さいうちから、子どもを保育園に預けるなんてかわいそう」と考える人がいます。実際に実親や義理の親、あるいは近所の人などから言われた経験がある人もいるのではないでしょうか。

これも第3章でご紹介した「3歳児神話」（148ページ参照）同様、現代の子育て世帯を、呪いのように根強く苦しめている誤解です。

繰り返しになりますが、子どもは親の姿を見て、物事の認知の仕方を学んでいきます。「長時間、親元を離れて保育園で過ごさなければならないなんて、この子はかわいそう」

と考えている親御さんと、「保育園の先生とお友だちのおかげで、この子は今日も一日、元気いっぱい過ごすことができる。私も思いっきり仕事ができる。なんてありがたいことだろう」と考えている親御さんのもとでは、どちらのほうが子どもの脳がよく育つでしょうか。

**保育園の送り迎えは、親の「おかげさまで」「ありがとう」の姿勢を子どもの前で見せる絶好の機会です。**

よく、保育園のお迎えの際に「ごめんね、お待たせ」と、子どもに申し訳なさそうに声をかける親御さんがいます。もちろん、突発的に発生した仕事などで通常のお迎え時間よりも大幅に遅くなってしまい、子どもを不安にさせてしまった場合に「ごめんなさい」と伝えることは問題ありません。

しかし、親御さんが仕事をしている間、子どもが保育園で過ごすことは「生活」であり、それ自体を謝る必要はないと考えます。

それよりも、とびっきりの笑顔で「あなたが保育園で元気に過ごしてくれたから、今日もしっかり仕事ができたよ。ありがとうね」と伝えればよいのです。

親がポジティブに物事を捉え、いつもニコニコしていれば、子どもも笑顔の多い子に育ちます。保育士さんも人間なので、子どもたちの扱いに差をつけることはなくても、笑顔の多い子どものほうを、ごく自然に「かわいい」と感じるものです。

こうして、「おかげさまで」「ありがとう」という笑顔のコミュニケーションを見て育った子どもは、周囲からも愛され、社会に出てもうまくやっていくことができるようになるでしょう。

## 「見えない職業差別」をしていないか

「保育園に預けて働くのは、子どもにとってかわいそうなことだ」と考える親御さんは、預かってくれている園や先生方に感謝の気持ちを持ちにくくなります。そのため、少しでも園や先生に粗を見つけたり、お友だちから手を出されたりするやいなや、責めたり周囲を攻撃したりして、ますます孤立してしまいます。

特に親御さんが高学歴・高収入な家庭ほど、無意識に「自分たちのほうが社会的地位が高い」という態度で先生方に接しがちです。

そこに加えて、子どもへの早期教育に励み、「私たちのようにいい学校に入り、高収入が得られる仕事に就くべきだ」という価値観をわが子に刷り込む人も多いですが、これは先生方への見えない職業差別、収入差別にもつながりかねません。

ブレイディみかこさんのベストセラー『ぼくはイエローでホワイトで、ちょっとブルー』を読まれたでしょうか。そこでは、他者の靴を履いてみるということ、つまり相手の立場に立って物事を考えてみる「エンパシー」の大切さが書かれていました。

先生方にも家庭や生活があり、彼ら彼女らが働いてくれるおかげで自分も仕事ができている——。

日頃から、このような考え方ができない親のエンパシーのなさは、そのまま子どもにも根づいてしまいます。親御さん自身が常に「こころの脳」を働かせ、自分の子どもだけでなく、周囲の人たちに感謝の気持ちを抱き、社会生活を円滑に送ることが大切です。

**先生にも子どもにも「ありがとう」を伝えればよい。「預けるのはかわいそうなこと」という考え方では、社会と敵対的な関係しか結ぶことができない**

誤解!?
35
# 仕事と子育ての両立は難しい

2016年、「保育園落ちた、日本死ね」と題した匿名ブログが話題になったのを、皆さんは覚えているでしょうか。当時、保育園に入れない待機児童の数は増加傾向にあり、翌2017年には2万6000人を超えました。しかし、そこから保育所の定員が増やされ、2023年の待機児童数は2600人余りと、1994年の調査開始以来、過去最少になっています。

子育て世帯をサポートする環境は整ってきつつあるのですが、それでも「仕事と子育ての両立はしんどいもの」という空気感が、多くの子育て世帯をいまだに覆っているように見受けられます。インターネット上でも「産休・育休から職場復帰した人は時短勤務で、子どもの病気などを理由にしょっちゅう休んだり早退したりする。尻拭いをさせられるほうは迷惑だ」などと、子育て世帯とそうでない人との分断をあおるような記事や投稿が、いまだに散見されます。

さらに第1章でもお伝えしたように、少子化によって、「一回きりの子育てでは、失敗が許されない」などと思い込むこともまた、しんどさに拍車をかけているようです。

子育てはしんどい、大変な作業だと考えている親のもとでは、笑顔の子どもは育ちません。確かに「からだの脳」が育つ5歳までは、何がなんでも夜8時までに寝かせるなど、根性を入れなければいけない部分もありますが、基本的には「子育ては楽しいものだ」を意図的につくっていくことが、子どもの「こころの脳」を育てる上で大前提となります。

**「子育ては楽しいものだ」と考えることができれば、早く家に帰って子どもと楽しく過ごそうと、仕事をできる限り早く終わらせるための効率化の工夫にもつながるはずなのです。**

そうすれば、結果として「保育園に早く迎えに来られてよかったね」「先生と楽しく過ごせてよかったね。ここからはおうちで楽しく過ごそうね」と、ますます笑顔の子育てができるようになります。ではどうやったら「子育ては楽しい」をつくれるのでしょうか。

私自身、生後50日から娘を無認可の小さな保育ルームに預け、職場に復帰しました。当時は大学病院に勤務していたので、研究職だった夫と協力しながら、必死の毎日でした。

私も研究職に就いてからは、夫婦のどちらかが早く帰ってお迎えに行くなどの調整がしやすくなりましたが、それでも遅くなってしまうことがあるため、保育園の後半からはベビーシッターさんを頼むようにしました。

シッターさんに来ていただいたおかげで、娘は両親が早く帰れない日でも、夜8時までに眠る生活リズムをキープすることができたのです。私たちの帰宅が夜の10時近くになってしまうときには、シッターさんに家で待っていただきました。

シッターさんなど、よほど家計に余裕がなければお願いできない、と考えている方も多いかもしれません。しかし、習い事をいくつも掛け持ちするくらいなら、一つ習い事を減らすなどしてシッター代を捻出することは、不可能ではないはずです。

シッターさんに1時間にお支払いする金額は、現在2000円前後が相場のようです。例えば平日2・5時間、週1回シッターさんに来ていただくとしたら、2000円×2・5時間×月4日で、諸経費を含めても2万円程度です。

確かに費用はかかりますが、それによって、すべての脳育ての基本となる「からだの脳」をしっかり育てる早寝早起きリズムを確立できたのですから、今振り返っても、わが家には必要な出費だったと考えています。なにより、これでずいぶん私自身の「子育ては楽しい」をつくれたと思っています。

**子どもが、親の顔を見ることなく寝てしまうなんてかわいそう、と思われる方もいるかもしれません。しかし、子どもは毎日必ず親の顔を見なくても大丈夫です。**

共働きの家庭では、子どもが小学校に上がると、今度は学童保育に預けることになります。わが家の場合、娘は午後6時半まで学童保育にいなければならず、その後、宿題や夜ご飯、お風呂に入ると考えると、夜9時までに寝るリズムを保つことが難しいと判断しました。そこでわが家では、小学校に上がってからも、まだお留守番が難しい低学年のうちは、学童には行かせずシッターさんをお願いしました。そのおかげで、娘は学校から帰って友だちを家に呼んだり、外で遊ぶときも見守ってもらったりできたのです。

素晴らしいシッターさんに出会えたことで、娘はまるで第二の母親のようにシッターさんを慕い、幸せに毎日を過ごすことができました。

**周囲に感謝し、子育てを楽しむ気持ちがあれば、子どもも幸せに育つ。シッターさんなどの協力を得ながら、脳育てに必要な生活リズムを維持しよう**

誤解!?

36
# 周囲に迷惑をかけたら、親がきつく叱るべき

電車の車内やショッピングセンターなどの公共の場で、騒いだり走り回ったり、駄々をこねたりする子どもに対し、親御さんがきつく叱っているのは、よくある光景です。

なかには、ちょっと行きすぎではないかと思うほど、感情的に叱りつけている様子を見かけることもあります。その姿勢には、「周囲に迷惑だから」というよりも「しつけのなっていない親だと思われたくない」という、親側の周囲へのアピールも多分に含まれているように見受けられます。

しかし、子どもにはやたらときつく叱る一方で、周囲の人には「ごめんなさい」の一言もなく、会釈することもせず、そそくさとその場を立ち去る人が多いのです。

また「静かにしないと、あの店員さんに怒られるよ!」などと、親の自分ではなく、周囲のせいにした言い方で注意をする親御さんもいます。

こうした大人の姿からは「あなたが周囲に迷惑をかけると、私がダメな親だと思われる。

だから、あなたを叱るのである」というメッセージが伝わってしまいます。「お店の人のせい」にする口ぶりからは、子どもは「怒る理由を他人のせいにしてもよい」という間違った学習をし、何かにつけて言い訳をする人間に育ってしまうのです。

5歳までの子どもは原始人なので、たとえ周囲に迷惑をかけてしまうことがあっても、本人を叱ることに意味はありません。「公共の場で騒いじゃいけないことくらい、言わなくてもわかるよね？」と無言の圧力をかける大人も多いのですが、130ページでお伝えしたように、子どもの「おりこうさんの脳」を育てるには、言語を用いた誤解のないコミュニケーションを取る必要があります。

**「ここでは走ってはいけないよ。なぜなら、ほかの人にぶつかって、ケガをさせてしまうことがあるからね」というように、伝えたいこと↓その理由の順に、丁寧に伝えることがポイントです。**

一方で、原始人なので仕方がないことだとは思いつつも、親自身は脳が育った人間ですから、当然周囲に対しては迷惑をかけたら「ごめんなさい」と言葉で伝えます。その姿を見せることが、子どもの脳育てにとって大切なことになります。

子どもが小学校に上がってからは、学校で友だちとトラブルになったり、宿題をサボったりして、先生から電話がかかってくることがあります。これがまた、親御さんの頭痛のタネになっていきます。特にプライドの高い親御さんは、子どものことで受けた注意を、まるで自分自身が指摘されたかのように感じ、動揺します。そして「あんたのせいで、お母さんが先生に怒られたじゃない！」という叱り方をしてしまうのです。これでは、もっとも重要なのは親自身の自尊心である、と言っているのも同然です。

## 本心ではない「ごめんなさい」も使えるようにする

もし、学校の先生から電話がかかってきて、子どもについて何か注意されたときには、「私の不行き届きで、本当に申し訳ございません」と、子どもの前でこれみよがしに謝っておきます。そして、「あなたの代わりに、私が謝っておいたからね。あなた、宿題をやっていないんだってね」と一言言えばよいのです。

親として重視するべきなのはあくまで家庭生活なので、宿題をしているかどうか自体を評価する必要はありません。子ども自身、わざわざ親から言われなくとも、それがほめられた行為ではないことくらい重々わかっているので、それで十分なのです。何を隠そう、私自身も娘の前で、周囲の人や学校の先生に謝りっぱなしの子育てでしたが、そのおかげでか、成人した今、娘は親も驚くほど丁寧な謝罪と感謝の言葉がするすると出てくるようになりました（他人に対してだけですが笑）。

親御さんが、本心はどうあれ、多少大げさにでも「ごめんなさい」「ありがとうございます」と、躊躇なく周囲に伝える姿を見せること。

それによって子どもも将来、プライドが変に邪魔をしたりせず、「こころの脳」を働かせて「こういう場面では、とりあえず謝っておこう」と考えて行動できるようになります。

そうすれば、世の中をうまく渡っていけるようになるはずです。

**感情的に叱るだけでは、「なぜ、それがダメなのか」を学ぶことはできない。周囲に「ごめんなさい」を伝える姿を見せることが「こころの脳」を育てる**

誤解!?

37

# 学校は社会の縮図である

学校は勉強をする場であると同時に、ルールを守り、他者と協調する「社会生活の予行練習」の場だとする考え方があります。

確かに学校は、家庭という最小単位の社会の次に入っていくことになる、子どもにとっての一つの社会であることには違いありません。

しかし、「学校生活こそが社会の縮図である」と考え、そこでうまくやっていけなければ大人になっても苦労するだろうと、無理やり適応させようとするのは大きな誤りです。

特に公立小学校などは、たまたま同じ年度に生まれ、たまたま同じ地域に住んでいるという理由だけで集められ、機械的にクラス分けがされているにすぎません。子どもからしてみれば、かなり「暴力的」な環境です。

社会に出ても、ソリが合わない相手と一緒に仕事をしなければならない場面はたくさんあるのだから、学校でそれを学ぶ必要がある、と考える親御さんは少なくありませんが、そうは言っても職場は自分の志向や能力、社風の向き不向きなどに基づいて、ある程度は自分自身で選べるものです。

一方の学校は、子どもがみずから望んで通う場所ではありません。にもかかわらず、個人の得意不得意が考慮されることもなく、一律の活動をこなさなければいけないのです。たとえ、子ども自身が気に入り、志望して受験・入学した学校だったとしても、想像とは違って自分には合わなかった、というケースはいくらでもあり得ます。

実社会では終身雇用が崩壊し、職場が合わなければ転職することも珍しくなくなった今、決められた一つの環境に適応することに、どれほどの意味があるのでしょうか。

もちろん、学校が肌に合って楽しく通える子は、それで構いません。**しかし、すべてのお子さんがこの窮屈で特殊な社会に器用に適応することを、先生からならまだしも、親御さんからも当然のように求められるのは、あまりにも残酷なことです。**

## 先生と親御さんにも、相性がある

しかしながら、学校生活というものは現実として存在します。担任や教科の先生は、授業で課せられた宿題をやっているか、協調性を持ってクラスメイトと過ごせているかといった物差しで子どもたちを見つめ、気になる点がある場合は、定期的な個人面談の場で、あるいは直接親御さんに電話をして、懸念を伝えるという仕事があります。

本書を通じてお伝えしている通り、子どもが社会を学ぶのはあくまで「家庭」です。宿題をやっていなかろうが、友だちがいなかろうが、親御さんがそれによってわが子を評価する必要はありません。

基本的には、前項で述べたように「ご心配をおかけして申し訳ありません」「先生のおかげで、うちの子の様子がわかって助かります」と、先生には「ごめんなさい・おかげさまで・ありがとうございます」を伝えておけばいいのです。

とはいえ、クラス担任や教科の先生もまた、機械的に割り振られてくる相手です。先生も人間ですから、子ども、そして親御さんとの相性の良し悪しもあります。

親御さんにもまた、「子どもの学校」という社会にどう向き合えばいいか、悩まれる方は少なくありません。実際に、私のところへ「子どもの先生とのコミュニケーションが非常に不安です」と相談に来られる方もいらっしゃいます。

このようなときには、夫婦のもう一方や祖父母など、先生と比較的相性がいい人に窓口を代わってもらうのが一つの方法です。

もし代理で先生とやり取りしてくれる人が見つからない場合でも、連絡帳、手紙、メールなどを通じて要望や気持ちを伝え、コミュニケーションを維持することはできます。ただし、子どもや家族の前で、先生を非難することは避けましょう。

どうしても担任の先生とコミュニケーションを取ることが難しい場合は、学年主任や教頭など、別の先生に相談することもできます。

学校は社会の縮図ではありませんが、特に子どもが中学生までの間は、付き合うことを避けて通れない存在でもあります。**うまくいかないからと思い詰めず、人間同士、相性が合わないこともあると割り切ることが大切です。**

そして悩んだときには親子で孤立を深めるのではなく、右でお伝えしたような選択肢があることを知っておきましょう。

**学校は、実社会よりもずっと生きづらい。親御さんが先生と良好なコミュニケーションを築けない場合は周囲のサポートを借りながら、うまく付き合おう**

誤解!? 38

# 社会性を身につけるために集団生活が不可欠

前項で、学校は機械的に構成された社会であるという意味で「暴力的」な場所だと表現しました。共働きの家庭では、放課後は学童保育に子どもを預けるケースが多いですが、**この学童もまた、子どもにとっては非常に窮屈な社会と言わざるを得ません。**

共働き家庭の増加に伴い、保育園だけでなく、就学後の学童保育所の待機児童問題も指摘されるようになりました。そこで近年、施設数が急ピッチで増え、1か所の学童保育所でなるべく多くの子どもたちを預かれるよう、施設の大規模化も進んでいます。

厚生労働省では学童保育所の適正な規模を「40人まで」としているものの、これを大きく上回り、71人以上もの子どもたちを擁する施設が年々増加しているのです。

将来、社会に出ていくにあたり、集団生活を多く経験しておくことはいいことだ、と考える風潮は根強いです。

しかし、大人数の異年齢の子どもが自分の意思とは関係なく、ひとところに集められ、

「今から宿題をする時間です」「はい、おやつの時間です」などと指示されながら過ごすことで、果たして社会性が身につくのでしょうか。

むしろ昨今の学童では、人数が多すぎることによって子どもたちが落ち着いて過ごせない、支援員さんが名前を覚えられない、といった問題が顕在化しています。

また従来、学童は10歳を過ぎると退所しなければならず、それが共働き家庭の間で「小4の壁」と呼ばれ、取り沙汰されていました。そこで2015年に始まった「子ども・子育て支援新制度」では、学童保育を利用できる年齢が小学校6年生までに引き上げられたのですが、これについて私は甚だ疑問に感じています。

小学校低学年ならともかく、3、4年生にもなれば、放課後、親が帰ってくるまで、家で待っていることは可能なはずだからです。

5歳までは原始人なので、時間を見ながら行動することは難しいものですが、だんだん「おりこうさんの脳」が育ってくれば、学校から帰宅して、寝るまでの時間配分を自分で考え、親から任された家事をこなし、暮らしを回すことができるようになります。それこそが、社会生活の実践につながります。

## 「一人時間」を律する力を鍛える

一人でお留守番ができるようになったら、親が不在であっても子どもに役割を任せ、家庭という「社会」に参加してもらうようにしましょう。

与える役割は、子どもができることであれば何でもいいのですが、「それが遂行されなければ家族全員が困るような、生活する上で外せない作業」がおすすめです。例えば親が帰ってくる前にお米をといで炊飯ボタンを押しておく、お風呂を洗って浴槽にお湯をためておく、などです。

子どもが午後3時半に学校から帰宅して、親が仕事から戻ってくるのが夜7時だとしましょう。3時間半の一人時間の間、ゲームをしたりマンガを読んだりするのは自由ですが、家庭で任されている「ご飯を炊く」「お風呂にお湯をためる」だけは絶対です。

よく、学童にお子さんを通わせている親御さんで「学童にいる間に宿題を終わらせるように口を酸っぱくして言っているのに、一向にやってこないんです。だから夜7時に迎えに行って帰宅したら、まず大急ぎで宿題をやらせています」などと話す方がいますが、宿題は家の「生活」とは一切関係ないので、やってもやらなくても、どちらでも構いません。

しかし、約束の時間までに頼んだ家事が行われていなかった場合、それを親御さんが慌てて代わってやるのはNGです。その日のご飯はなし、お風呂には入らずシャワーで済ませなければならない、ということを身をもって体験することで、「好きなことをしたい」「ダラダラ過ごしたい」という欲求に打ち勝ち、自分を律する能力を培うことができるようになります。

**子どもなので初めは当然失敗しますし、それで生活が回らない日もありますが、そこは親も痛み分けをする必要があります。**しかし、それを経て子ども自身で生活を回すことができるようになれば、親は本当に楽になるものです。家庭生活への参加によって養われる「自律」こそ、社会に出ていく上で真に必要な力ではないでしょうか。

**自分の意図しない集団生活で、社会性は身につかない。自分で時間配分をしながら放課後を過ごすことで、将来に必要な自律心が育つ**

誤解!?
39
# 学校の「休みグセ」はつけないほうがよい

2023年10月、不登校の状態にある小中学生の数が2022年度で29万9000人と、過去最多になったことが大きく報道されました。

文部科学省の定義によれば、「不登校」とは、病気や経済的理由以外の何かしらの理由で、登校しない（できない）ことにより長期欠席（年間30日間以上）している状態を指します。

不登校の原因については、さまざまな調査が行われていますが、実際に不登校の状態にある子どもたちを対象にアンケートを取った「不登校児童生徒の実態調査」（2021年度）のデータを見てみましょう。それによると、小学生で最初に「学校に行きづらい、休みたい」と感じ始めるのは小学4年生が30・2％と最多になっています。これは、私がこれまで数多く子どもたちと向き合ってきた体感とも一致するものです。小4は「こころの脳」が発達し、「他の人とうまくやっていく」ことを意識し始める年齢でもあります。また思春期の前段階としてのホルモンバランスの変化が始まるので、不安定になりやすい時期なのです。

きっかけは多岐にわたりますが、この調査によると、小学生でもっとも多いのは「先生のこと」、そして「身体の不調」「生活リズムの乱れ」「友達のこと」と続きます。

もし、お子さんが「学校に行きたくない」と言い出したら、皆さんはどのような反応をされるでしょうか。

一日、二日であれば休むこと自体は問題ないと考える一方、「これで『休みグセ』がついてしまうのではないか」と本格的な不登校になることを恐れ、「大した理由もないのに、学校を休むべきではない」「そうやって嫌なことから逃げていたら、ろくな大人になれない」などと正論をかざす親御さんは少なくありません。

**しかし、これでは子どもは「自分の親は、私の気持ちを聞いてくれないのだな」と諦め、二度と本心を打ち明けなくなります。**親御さんが無理やり車で学校に送ったり、先生が迎えに来て「さあ、学校に行こう」などと声をかけたりするケースがありますが、こうした大人の行為こそが、かえって休みグセをつけてしまうのです。

## 「学校に行きたくない」と言われたら

もし、お子さんが「学校に行きたくない」と言い出したら、親は取り乱したり過度に心配したりせず、「そっか、行きたくないんだ」とそのまま受け止めるようにしてください。理由を追及されたり、なじられたりするとばかり思っていたお子さんは驚き、自分の気持ちを親にそのまま受け止めてもらえたことに、まず安心感を覚えます。そこから、なぜ学校に行きたくないのか、自分から理由を話してくれるかもしれません。その際にうなずきながらきちんと傾聴し、共感してあげることで、「勉強に遅れちゃうし、やっぱり行こうかな」と、学校へ行く気持ちがおのずと復活することも、よくあります。

しかし、そもそも最重要なのは家庭生活です。それがしっかりできていないことが不登校の一因になっていることも多いのです。**もし心当たりがあるなら、子どもが学校に行かないことは、むしろ「家庭生活の再構築」のチャンス!と捉えるべきと私は考えます。**

前出の調査で、不登校になったきっかけの第3位に「生活リズムの乱れ」が挙げられています。不登校のお子さんは、昼夜逆転してしまったり、丸一日ゲームに没頭してしまったりして生活リズムが乱れがちです。「からだの脳」がきちんと働かないために、学習がうまくいかない、友だちとの関係が構築できない、など「おりこうさんの脳」「こころの脳」の問題が積み重なるケースが不登校の子どもには多く見られます。

であれば、家庭生活を見直すことでここにテコ入れすることが最重要課題です。まずは早起きから「からだの脳」をつくり直す。そして、お子さんに食器洗いや洗濯物の取り込みなど、家にいるからこそできる、家庭生活を円滑に回すための役割を割り振るのです。

これは決して、学校に行かないことへの「罰」ではありません。生活を回すことによって親は「助かった、ありがとう」と感謝の気持ちを伝えられます。実はこれが「自分は学校では多少の不適応があったけれども、少なくともこの家庭という社会の中では、重要な役割を持つ、役に立つ人間である」という自信につながります。そしていつの間にか家庭外の社会に対する不安や恐怖を持たなくなるのです。

**不登校の子どもは、「からだの脳」が働いていないケースも多い。「休みたい」と言われたら、家庭生活を立て直すチャンスと捉え、家での役割を与えよう**

誤解!? 40

# 習い事は、なるべく長く続けさせる

本書の冒頭の「早期教育」の項でも触れましたが、子ども向けの習い事は百花繚乱の様相を呈しています。

水泳やピアノは今も昔も定番人気ですし、最近では英会話やプログラミング、動画制作なども人気の習い事に加わっています。

「からだの脳」から始まる脳育ての順番を無視して、早期教育や習い事に走ることは絶対に避けてほしいのですが、幼児期なら夜8時まで、小学生なら夜9時までに寝て、朝は早起きするという生活リズムが保てていること。そして、家での役割もしっかり担当しているのであれば、残りの時間で習い事をするのは特段悪いことではありません。

しかし、気になるのは「一度始めた習い事は、なるべく長く継続するべき」と考えている親御さんが多いことです。

例えば、ピアノを習い始めたのに、すぐに飽きてほとんど練習しなくなるというのは非常によくある話です。すると親御さんは烈火のごとく怒り、「そうやって飽きっぽい人間は、将来仕事も続かなくて苦労する」などと脅し、強制的に続けさせようとします。前項の「休みグセはつけるべきではない」という思い込みにも通じる、一種の根性論です。

習い事の場合、子ども本人が希望して始めることも多いものです（その実、親御さんが誘導しているケースも少なくないのですが）。にもかかわらず子どもがやる気をなくすと、「やりたいと言ったのは自分だろう！」と、親御さんの怒りはますます激しくなります。

そうなると、子どもにとって習い事は「親に言われるから、イヤイヤ続けるもの」になります。これでは、脳育てにとって必要な「親子がお互いを尊重して協力し合う体制」や「親子が楽しめるポジティブな家庭の雰囲気」の生活環境からはかけ離れた状態になってしまいます。

**どんなに親御さんから見て意味のある習い事だと思っても、将来に期待を込めて大金をかけてきたとしても、子ども自身がやりたいと言って始めたことであっても、こうしたやり取りをするくらいなら、スッパリやめるべきだと考えます。**

## ランダムな刺激で「さらによい」脳が育つ

子ども自身が楽しくて続けたいのであれば、一つの習い事を継続するのはもちろん結構です。しかし、「からだの脳」「おりこうさんの脳」がしっかり育っているという前提で、それらを「こころの脳」につなぐ前頭葉を鍛えるならば、別の見方もあります。

前頭葉の成熟が始まるのは、通常9歳から11歳頃以降です。それまでは、家庭での生活、学校、遊び、スポーツなどの身体運動が脳にランダムに刺激として入り、シナプスと呼ばれる神経細胞同士の接続が増える一方で、その整理整頓は行われません。

ところが、9歳から11歳になると、前頭葉内で「刈り込み」という神経回路の整理整頓が始まります。このプロセスは、脳がより効率的に情報を伝えるために、不要なシナプスを刈り取り、残された重要なシナプスを強化することで、刺激をより速やかに脳内で伝達できるようにするものです。

例えば、「3＋3＋3＝9」→「3×3＝9」→「さざんがく」と、同じ計算でももっとも効率的な方法を強化し、速く実行できるようにするようなイメージです。

ですから、3歳から9歳までの期間に多くの選択肢を提供し、より多くのシナプスを育てることが重要です。ランダムで多様な刺激が脳に頻繁に入ることが、前頭葉の機能を向上させるカギとなります。

つまり、「さらによい」脳を育てるという観点では、同じ習い事を継続して繰り返すよりも、家庭で多様な遊びや役割に意識的に取り組むほうが、前頭葉をランダムに刺激することにつながり、効果的だと言えるのです。

ちなみにわが家では私がピアノや英語、夫は歴史と、親がそれぞれ好きなことに没頭し、ときに自分の趣味に娘を帯同するうち、娘も自然と同じものを楽しむようになりました。皆がやっているから、といったお仕着せで習い事を「させる」よりも、親が子どもを抜きにしても趣味を楽しむ姿を見せることが、よほど子どもの脳にはいい刺激になると考えます。

**無理をして一つの習い事を続けることは、子どもの脳に悪影響。9歳くらいまでは、習い事以外の活動も含め、むしろ多様な刺激を与えるほうがよい**

誤解!?

# 41 幼いうちに受験させるほうがよい

中学受験をする子どもの数は、ここ10年ほどで増え続けています。2023年、首都圏の中学受験者は推定5万2600人（全体の17・86%）と、過去最多にのぼります。

中学受験をする子どもが増えた結果、受験のための塾に入ることさえ椅子取りゲーム状態となり、小学校1年生から塾に通わせるケースも珍しくありません。

さらに遡る形で「中学受験のために低学年のうちから塾通いさせるのはかわいそう。だったら早いうちにエスカレーター式の学校に入っておくほうが、そのあと伸び伸び過ごせるだろう」と、幼稚園・保育園で小学校受験の塾に通わせるご家庭まであります。

もはや「かわいそう」の基準がどこにあるのか疑問ですが、とにもかくにも「受験をしていい学校に入れれば、それだけ就職先の門戸も開ける。子どもの将来の選択肢が広がるはずだ」と考えている方が多いようです。

**しかし、幼少期からのハードな塾通いは、子どもの脳を育てるのに必須である「早寝早起き」の生活リズムを乱します。**子育て科学アクシスにも、不眠や頭痛、腹痛といった症状に悩まされている、受験組の小学校4、5年生たちがたくさん相談に訪れます。

将来のためにと、毎晩遅くまで勉強に励んで志望校に合格できたとしても、それによって「からだの脳」に悪影響が及んでいれば、不安からくる摂食障害や不登校といった形で、大きなしっぺ返しに見舞われることになります。これでは本末転倒です。

また「あなたの偏差値であれば、この学校にならら入れる」と塾から示唆された通りに受験し、いざ通ってみたけれど校風が合わないとなれば、その環境をつくった親を子どもは攻撃するようになります。仮に大きなトラブルなく学校に通えたとしても、それが親の意思である以上、「お父さん、お母さんの言うことを聞いていれば、間違いない」という刷り込みがなされます。その結果、どんなに目の前に選択肢が広がったとしても、子どもが進む道を自分自身の意思で選び取ることは難しくなってしまうでしょう。

高校に入るには受験する必要がありますが、義務教育段階である中学受験までは子ども自身がそれを望み、親に「塾代や受験料を出してください」とお願いして初めてするものだというのが筋だと考えます。

わが家でも、娘本人から「中学受験をしたい」という申し出があったのですが、その際には私から次のように説明しました。

「わが家から電車で1時間以内くらいで通える範囲には、このくらいの私立中学がありますす。その中で、あなたが地元の公立中学校よりも本当にいい学校だな、行きたいなと思える学校があるなら、そのための費用を出すことはやぶさかではありません。しかし、受験しても必ず行けるとは限らない。不合格となる可能性があることも、重々承知するように」

加えて、「中学受験をするにあたっては、塾に通う人も多い。塾は学校とは別で、夜の6時から9時くらいまで勉強するところだけれど、どうする?」と伝えたのです。

幼い頃から早寝早起き生活を叩き込まれていた娘は「冗談じゃない!」という反応でした。そして、いろいろな学校を見て回った結果、「ある学校を目指して受験はするが、塾には通わない」という選択をみずから下したのです。入試直前のお正月期間だけ、私も娘と一緒に集中して試験対策に寄り添いましたが、そのほかは一切ノータッチでした。

自分で決めた学校に、自分で決めた方法で合格した娘は、その後の中高6年間、心から楽しんで通うことができました。ちなみに、いわゆる偏差値という観点からは、決して高い学校ではありませんでしたので、受験勉強は、学校で習った学習にほんの少しプラスアルファするだけで十分でした。しかしその学校は自由な校風、豊富な課外活動など彼女にぴったり合った場所で、本当に幸せに過ごせました。

親は、自分がいいと考える選択肢を子どもに押しつけるのではなく、あくまでロジカルに説明をすること。小学校高学年ともなれば、その上で「どの学校に通いたいか」「そのために塾に通うのか、通わないのか」などを自分で考え、決断することができます。

**本人が納得した上であれば、仮に不合格だったとしても親子関係にヒビが入ることはあり得ません。**もし通った先でつまずくようなことがあったとしても、自分の意思でここにいるのだからと踏ん張りが利き、不登校に陥るリスクも低くなるのです。

**どんなに親が素晴らしいと考える選択肢でも、子どもの意思がなければ、少しのつまずきでポッキリ折れてしまう。子ども自身に決めさせることが大切**

誤解!? 42

# 受験に失敗したら、子どもがかわいそうだ

前項で、親の意思のもとで中学受験をすることは、人生における子どもの自己決定力を削いでしまうということをお伝えしました。

一方で、中学受験をさせない親御さんの中には、その理由を「まだ幼いのに、もし不合格という現実を突きつけられることになったら、子どもがかわいそうだから」と言う人もいます。これもまた、子どもの脳育てにとってはよくない考え方です。

大前提として、どんなことがあっても、自分の子どもを「かわいそう」などと思ったり、まして本人に向かって口にしてはいけません。「お友だちの輪に入れないなんて」「運動会のかけっこでビリになるなんて」など、やたらと「かわいそう」と言って、あれこれ先回りして子どもを守ろうとする親御さんもいますが、これは子どもの脳育ての観点からはマイナスになります。

**親から「かわいそう、かわいそう」と見られて育った子どもは「自分はかわいそうな子なんだ」と自己認識し、不安を強めてしまいます。**自信をなくし、自己肯定感も下がるため、なかなか自立できなくなってしまうのです。

中学受験は子どもが強く希望する場合にのみすればよいものですが、本人が「受験したい」と言ってきたにもかかわらず、「落ちたらかわいそうだから」などという理由で却下することはやめましょう。

親のポジティブ思考で子どもの脳をよく育てることを目標にするなら、ぜひその代わりに「そもそも、中学受験ができる環境にあるなんて、あなたは恵まれているね！」と笑顔で伝えましょう。そして、必ず受験の前に「受験は合格と不合格があるので、確率としては不合格になる可能性もある」と伝えておきます。

さらに「中学は義務教育だから、不合格であっても必ず進学先は確保されているところがラッキーだね。これが高校だったら浪人だよ」と、努めて明るく構えていることが大切です。

受験をきっかけに行きづまってしまったご家庭をたくさん見てきましたが、第一志望に不合格だったことなどを、親御さんがネガティブに捉えているケースが多くありました。

## 子どもの選択を尊重し、信頼する

私の娘も、一度目の大学受験では志望校に合格せず、本人が1年間浪人することを決めました。その際に私は、わが子をかわいそうに思ったりせず、むしろ「これはチャンス」と次のように提案しました。

「私は毎日仕事に忙しく、一方あなたは、今までより時間ができて、とてもラッキーだと思います。また、もうある程度の料理ができるので、自分で食事を用意することもできるはず。いくら浪人とはいえ、一日ずっと勉強し続けることも不可能かと思うので、これからはぜひ、お金は出すので、スーパーに行って食材を買ってきて、できるだけご飯係をやってね。朝はお母さんの仕事の時間に合わせて、その時間までに朝食も作ってくれると助かる！」

娘は、「OK！」と私の提案を受け入れ、毎日、インターネットでレシピを調べながら、さまざまな料理を作り、1年で料理上手になりました。私が助かったのはもちろんですが、娘のその後の一人暮らしへの自信にもつながりました。

当然、親として内心の葛藤もありました。「毎日家事をこなすことで、この子が来年も試験に合格できなかったら、どうしよう」と不安がよぎったのも事実です。

しかし、私がこの心配をストレートに表に出し、子どもに対して「家事なんてしていて、来年も合格できなかったら大変だから、あなたは勉強に専念しなさい」などと言ってしまったならば、どうなるでしょうか。

繰り返しになりますが、子育てとは「心配」を「信頼」に変える旅です。親から「心配な子」「かわいそうな子」だと決めつけられた子どもは、自己効力感を持てず、頑張ることができません。本人が選び、決めた道に対しては、結果がどう転ぼうと、親は子どもを信頼することが、何よりも大切です。

**自分の子どもを「かわいそう認定」すると、子どもは自力で頑張れなくなる。物事をポジティブに捉えるようにし、本人を信頼しよう**

誤解!?

# 43 子どもは均質な環境で学ばせるほうがよい

中学受験をしたほうがよいと考える親御さんの中には、その利点として、前項で紹介した「将来の選択肢を増やす」のほかに、同じような価値観、同じような世帯収入といった、ある程度均質な家庭環境にある子どもたちと一緒に学べることを挙げる方もいます。

しかし、世の中には多様な人がいて、多様な価値観があることを知るという意味では、実は公教育は非常に優れた環境だと言えます。174ページで、公立学校は機械的に集められた集団であり、子どもがそこに合わなくても当然だと述べましたが、それも含めて、重要な学びになることは確かです。

昨今、大人の世界ではDE&I（ダイバーシティ・エクイティ&インクルージョン）が重要だと盛んに叫ばれています。DE&Iとは、性別や年代、国籍、障害のあるなしや価値観の違いを超えて、あらゆる人を公平に扱い包摂し、多様な人々が活躍できる社会を目指そうというものです。特に少子化が進んで働き手が不足している日本において、今後も社会経済が発展する上では必須の考え方だと言われています。

しかし、ペーパーテストによる学歴社会や、新卒一括採用から始まるヒエラルキー社会を生きてきた大人たちの意識を急に変えることは、なかなか難しいものです。だからこそ子どものうちから、社会には多様な価値観、さまざまな個性を持つ人がいることを体感することが大切となります。

日本は、アメリカのような多民族国家ではありませんが、それでもさまざまな価値観の人がいますし、在住外国人も増えつつあります。そのため、せめて小学校までは、あえていろいろな社会階層の人々が混在している公立に通うほうがいいというのが私の持論です。

生まれたばかりの子どもは、差別や偏見の意識を持ちません。しかし「こころの脳」が発達する過程で、周囲の大人がしている認知の仕方をインプットし、場合によっては差別的な物の見方を獲得してしまいます。もっとも影響を受けるのは、やはり毎日生活を繰り返している「家庭」です。**「あからさまな差別発言など、家でするはずがない」と考えている親御さんもいるかもしれませんが、例えば「大学に行かなければ、稼げなくて苦労する」などは、言外に大学を出ていない人を差別するものです。**

また「女の子なのに、算数が得意なのね」といった何気ない一言も、「女の子で理系が得意なのは『普通』ではないんだ」という意識を刷り込んでしまいます。

日本では、女性研究者の割合が17・5％（2021年）と、OECD諸国でダントツの最下位です。特に理学、工学分野では割合が著しく低く、その要因の一つとして「男の子のほうが理系分野に向いている」という幼少期からの根拠なき刷り込みが影響していると指摘されています。男女逆も然りですが、お子さんの可能性の芽を摘みたくないのであれば、こうした無意識の差別・偏見発言には、親自身が気をつけなければなりません。

娘が11歳のとき、私は友人からの紹介で、世界12か国から60人もの子どもたちが集まって一緒にキャンプをし、差別や偏見の意識をなくすというプログラムを知りました。娘に「こんなものがあるらしいよ」と伝えたところ、娘は行きたい！と熱望し、単身ブラジルで1か月間のキャンプに参加したのです。フランスとエクアドルの子と同室で過ごし、まったく言葉が通じず最初はとても苦労したそうですが、だんだん「なんとかなる！」と思ったらしく、帰国後しばらく経ってから、『Ｇｌｅｅ』というドラマを繰り返し見ることで、世界の人たちとコミュニケーションが取れる英語を自発的に学び始めました。高校2年生のときには、スウェーデンのシニアキャンプに日本からたった一人で参加しました。「学びたい」と思って学ぶ子どもの吸収力は驚くほど高いことを、私はそばで見ていて感じたものです。

こうした機会はめったにあるものではありませんが、普段から親御さんが意識して、多様性を学べる環境で過ごさせることは非常に重要です。

「あそこの家はうちとは違う」「うちの子が影響を受けないようにしないと」などと平気で口にする方もいますが、そうではなく、「いろいろな考え方の人と出会えてよかったね」という声かけができるかどうかで、子どもの物の見方が変わっていきます。

異なる価値観に触れた際に「おかげさまで」の気持ちが持てれば、公教育に対する見方も変わりますし、先生への感謝も生まれるはずです。まずは、大人の意識改革が必要だと考えます。

**均質な環境が子育てに適している、という考えはDE&Iの流れに逆行するもの。差別や偏見をしない価値観は、多様性のある環境でこそ育つ**

誤解!? 44

# 子どもの代わりに親が保育園や学校に要求する

わが子をできるだけ「いい環境」で育てたい、というのは多くの親御さんが持つ共通の願いだと思います。では、いい環境とはどういうものか。本書では、「からだの脳」「おりこうさんの脳」「こころの脳」の育ちの観点から、それをお伝えしてきました。

ところがわが子を溺愛するがゆえに、親御さんが先回りをして、その環境に干渉するケースが少なくありません。

例えば保育園の同じクラスに、言葉ではまだ自分の気持ちを伝えられず、手が出てしまいがちなお子さんがいる場合に「日中の活動で、あの子とうちの子を離してほしい」と先生にお願いしたり。小学校に上がっても、自分の子が人見知りで新しい友だちをつくるのが苦手だからと「唯一の親友の○○ちゃんと、1年生から6年生までずっと同じクラスにしてほしい」と伝えたり、運動会で「足が遅いから、かけっこで目立たないように配慮してほしい」と求めたり。

これも、もし自分の子どもが不利な状況になったら「かわいそう」という、子どもに対する間違った関わり方なのですが、実際にこうしたリクエストをする親御さんは、今どき珍しくないようです。

先生としては「平等性の観点から、それはできません」と退けたいところなのですが、要求を無視して実際に問題が起きようものなら、保護者たちからあっという間に責め立てられることを恐れ、従ってしまいがちです。

「自分はモンスターペアレントなどではない」と考えている方がほとんどだと思いますが、わが子を思うがゆえに干渉することはその一歩であること。少なくとも先生方からは、モンスターペアレントの予備軍であると認識されている可能性が大いにあることを、自覚しなければなりません。


**何よりも、こうした過干渉によってつらい思いをするのは、ほかならぬお子さん自身です。**親御さんからのリクエストで「配慮」をされたお子さんは、それを悟った子どもたちから冷やかされたり、いじめられたりしてしまうのです。

## 溺愛は、子育ての「リスク」の大元に

溺愛と、そこからくる干渉は、特に高学歴・高収入の親御さんに多く見られます。そうしたご家庭は両親ともにキャリアを積んできているケースも多く、晩婚・高齢出産の傾向にあります。先に出産・子育てをしている同級生を見てきているなか、競争社会を生き抜くマインドが抜けきらないのか、「自分たちも子育てで負けていられない」という焦りから、溺愛、そして過干渉に陥ってしまうのです。こうしたご家庭は経済的に余裕があり、理想と考える環境をいくらでも与えやすいこともまた、そこに拍車をかけています。

溺愛からくるリスクには、もう一つ「矛盾」もあります。これは、表向きは子どもに理解のある寛大な親を装って「健康でいてさえくれればいい」「自分の好きなことをすればいい」などと言いながら、他方で「偏差値の高い大学に入ったほうが、将来の可能性が広がる（裏を返せば、偏差値の高い大学に入れなければ、選択肢が狭まる）」と口にするようなことです。こうしたダブルバインド（二重拘束）は、子どもの心を不安定にします。

「溺愛」、そしてそれをベースとした「干渉」と「矛盾」を、私は子育ての三大リスクと

呼んでいます。

幼い頃から適切なペアレンティングが行われ、きちんと脳が育っていれば、思春期に差しかかって、親御さんのこうした干渉や矛盾に反抗ができます。

しかし、溺愛をベースにした子育てでは、得てして「尊重・協力し合う体制」や「ポジティブな雰囲気づくり」が家庭で行われていないことも多く、お子さんが干渉や矛盾にのまれるまま、自立を阻まれてしまうことも少なくありません。

わが子を愛すればこそ、園や学校へ干渉することはリスクにしかならないことを認識し、「心配」な気持ちを「信頼」に変えるよう、グッとこらえることが大切です。

**園や学校といった子どもの環境に口出しすることで、もっともつらい思いをするのは子ども自身。溺愛からの干渉、矛盾は最大のリスクと心得る**

誤解!?
45

# いじめ問題には親が積極的に介入する

お子さんと社会との関わりにおいて、やはり多くの親御さんが気になるのが「いじめ問題」ではないでしょうか。

文部科学省の調査によると、2022年度に小中高および特別支援学校で認知されたいじめの件数は68万1948件と、前年より10%超も増えています。コロナ禍を経て、学校でのリアルな活動が再開されたことや、子ども同士のSNS利用をめぐるトラブルが増えていることなどが増加の原因になっているようです。

学校側は、いじめを受けた子どもが不登校になるなど問題が表面化しない限り、なかなか動いてくれないという印象から、もしわが子が当事者になってしまった場合は自分が介入していくしかない、と考えている方も多いです。

**しかし「いじめ問題」においては、子どもの年齢ごとに親の適切な関わり方が変わってきます。**

子どもが未就学や小学校低学年のうちは、まだ自分の感情をきちんと言葉にして認識することができません。そこで、自分の子どもがお友だちにいじわるしたり、ちょっかいを出したりしてしまったときには、「あなたは、○○ちゃんのことが好きなんだね」と言語化してあげれば問題ありません。

ちょっかいを受ける側であっても同様です。この時期の友だち関係のトラブルは、まだ命を脅かすような深刻なものになることはほぼないので、親御さんは子どもの間に介入する必要はなく、基本的に静観していればいいでしょう。

一方で、親同士はきちんと会話を交わしておくことが望ましいです。もし痛い目に遭わせてしまったら「ごめんなさい」。手を出されている側であれば、「△△ちゃん、うちの子のことが大好きみたいね。仲良くしてくれてありがとう」くらい言える余裕が欲しいものです。

そうすれば、いじわるしたことを責められるとばかり思い、心の中でファイティングポーズを取って構えていた相手の親御さんの気持ちもほぐれます。極めつきに「うちの子は、△△ちゃんとお友だちになれて、本当によかったと思っているの」などと言われれば、自然と「いえいえ、こちらこそ本当にごめんなさい、ありがとう」という言葉が向こうからも引き出されてくるはずです。

このように幼いうちの子ども同士のトラブルも、やはりいかに親同士が「ありがとう」「ごめんなさい」を使えるか、という社会性を問われる場面になります。

自分の子どもがいじわるをしてしまったとき、気が動転して「なぜ、そんなことをしたのか」「今すぐ謝ってきなさい」などと追及してしまう親御さんが少なくありません。

そうではなく、先ほどのような会話を親同士でした上で、子どもには「〇〇ちゃん、あなたのことが大好きって言ってたよ」「だから『ありがとう。痛い目に遭わせてごめんね』ってお母さんが代わりに謝っておいたからね」と伝えておけば十分なのです。親御さんが周囲に「ありがとう」「ごめんなさい」を伝える姿を見せることで、子どもは社会性を学んでいきます。

高学年になったら、親ができる対応を示した上で、子どもに選ばせるようにします。「どうしてもあなたがつらいなら、私が代わりに先生に相談することはできる。でも、あなたは自分の考えをきちんと表現できるようになってきていると思うから、自分自身で先生に伝えることができると思うけれど、どうする?」といったようにです。

前項でもお伝えした通り、先回りをして干渉するのはもってのほかですし、「自分で何とかしなさい」と突き放すのも違います。あくまでも親御さんは応援している、というスタンスを見せてあげることで、子どもは安心することができます。

中学生以降になると、いじめは複雑化していきます。被害者とされている子が実は日常的に嫌がらせをしていたというケースもままあるため、なおのこと、この年齢までには自分たちで問題解決ができるようになっていることが必要です。

仕事で考えれば、先輩や上司が代わりに資料を作ってやったり、手取り足取り指図をしていれば、いつまで経っても成長せず、自走できないことは明らかです。子育てもそれと変わりません。いじめ問題に限らず、子どもと社会の関わりすべてにおいて、先回りや介入は自立を妨げることにしかならないと、心に刻んでいただきたいと思います。

**友だち関係のトラブルは、幼少期のうちに親の姿勢で「ありがとう」「ごめんなさい」を見せておく。それにより、将来自分で問題解決ができる子どもに育つ**

# おわりに

最後までお読みいただきありがとうございます。

いかがでしたでしょうか？

もし、これまでの「誤解」が解けてすっきりされたなら大変うれしいことです。

また、子どもの気になる行動に対して「私の愛情不足のせい？」と悩まれている方に、「睡眠不足なのかも！」「あ、こういう言葉にすればいいのね」と安心を届けられたら幸いです。

脳育ての順番さえしっかり理解していただけたなら、子どもが「思ったように育たない」と思うときも、まず「からだの脳」の育て直しから取り組めばいいのです。

皆さんが考えるように、あくまで子育ての最終目標は「成人して社会の中で役に立つ人間」を育てることです。でもそれには段階があります。一足飛びに「人のこころがわかる人間」を求めてはいけません。原始人時代には、まずは寝ること・起きること・食べること・からだが反射的に動くことを育てることに、親は注力してください。これは家庭生活で何より優先して徹底的に行うべきことなので、もし小学生以上の年齢になっていて「からだの脳」ができないならば、一刻も早く「育て直し」を試みてみましょう。何歳からでもつくり直せる、それが「からだの脳」のとてもいいところです。

その一方で、成人期を見据えて理想的な姿を親が見せることも大事です。最初は、言って聞かせて必ず子どもに行動させる、までは求めません。あくまで「おりこうさんの脳」に知識として投入するだけで大丈夫です。

何度も言いますが、このときのキーワードが「おかげさまで」「ありがとう」「ごめんなさい」です。常に周りの人のことを考えた「利他的な行動」を親が繰り返し見せてミラーニューロンを活性化させる。この意識を持ち続けましょう。

私はもともと小児科医ですが、小児科の知識と現代の子育てのトレンドがあまりに乖離《かいり》していることが気になりすぎて、2014年に公認心理師の上岡勇二、社会福祉士の黒岩美喜と3人で子育て科学アクシスを立ち上げました。おかげさまでスタッフも増え、たくさんの方に会員になっていただき、来年10周年を迎えます。
最初は下を向き、涙にくれながら門を叩いた親御さんが、1年もしないうちに、私も顔負けのギャグやダジャレを飛ばして（笑）、大口を開けて笑っている姿を見るたび、また最初は怒りに任せて備品を投げていた子どもの、「今、学校で何も問題ないです。アクシスがあってほんとによかった」という言葉を聞くたび、「正しい子育て＝脳育て」の重要性を改めて感じます。これからも、惑ってしまった親子さんのために私たちができることを続けていきたいと思っています。

最後になりましたが、本書をつくるにあたり、たくさんの方のお力添えをいただきました。扶桑社の宮川彩子様、また、アクシススタッフの皆さんや病院やアクシスで出会えたたくさんのご家族の皆様、本当にありがとうございました。
本書をこれらすべての方々に捧げます。

2023年12月

**成田奈緒子**

## 参考文献・出典


『ネルソン小児科学　原著第21版』Robert M. Kliegman, MD／Bonita F. Stanton, MD／Joseph W. St. Geme III, MD／Nina F. Schor, MD, PhD／Richard E. Behrman, MD　著／衞藤義勝　監修／エルゼビア・ジャパン

『絵本の事典』編／中川素子・吉田新一・石井光恵・佐藤博一　朝倉書店

『令和３年　通級による指導実施状況調査結果』文部科学省

『第６回学習指導基本調査』（小学校・中学校版）ベネッセ教育総合研究所　２０１６年

『子どもの生活と学びに関する親子調査』東京大学社会科学研究所・ベネッセ教育総合研究所共同研究　２０１７年

『添い寝が子どもの愛着および自尊感情へ及ぼす影響』吉田美奈、浜崎隆司／応用教育心理学研究　第30巻　第２号

『OECD Gender Data Portal 2021』

『平成28年　社会生活基本調査』総務省統計局

『２０２２（令和４）年　国民生活基礎調査』厚生労働省

『保育所等関連状況取りまとめ（令和5年4月1日）』こども家庭庁

『学童保育（放課後児童クラブ）の実施状況調査結果について』全国学童保育連絡協議会

『令和４年度　児童生徒の問題行動・不登校等生徒指導上の諸課題に関する調査』文部科学省

『不登校児童生徒の実態把握に関する調査報告書』文部科学省

『令和４年度　児童生徒の問題行動・不登校等生徒指導上の諸課題に関する調査結果の概要』文部科学省

| | |
|---|---|
| デザイン | 三浦皇子 |
| イラスト | 田中未樹 |
| 図版・DTP制作 | 松崎芳則（ミューズグラフィック） |
| 校正 | 小出美由規 |
| 編集協力 | 金谷亜美 |
| 編集 | 宮川彩子 |

成田 奈緒子（なりた なおこ）
小児科医・医学博士。公認心理師。子育て科学アクシス代表。1987年神戸大学卒業後、米国セントルイス・ワシントン大学医学部や筑波大学基礎医学系で分子生物学・発生学・解剖学・脳科学の研究を行う。2009年より文教大学教育学部教授。臨床医、研究者としての活動も続けながら、医療、心理、教育、福祉を融合した新しい子育て理論を展開している。著書に『その「一言」が子どもの脳をダメにする』（共著、SBクリエイティブ）、『「発達障害」と間違われる子どもたち』（青春出版社）、『高学歴親という病』（講談社）、『山中教授、同級生の小児脳科学者と子育てを語る』（共著、講談社）など多数。

扶桑社新書 484

誤解だらけの子育て

発行日 2024年1月1日　初版第1刷発行

著　　者………成田 奈緒子
発 行 者………小池 英彦
発 行 所………株式会社 扶桑社
〒105-8070
東京都港区芝浦1-1-1 浜松町ビルディング
電話 03-6368-8870（編集）
03-6368-8891（郵便室）
www.fusosha.co.jp

印刷・製本………中央精版印刷株式会社


Printed in Japan　ISBN 978-4-594-09573-4